NADINE GERBER

Kevin Lötscher
EISZEIT
**Der Spielmacher
bist du**

WEBERVERLAG.CH

INHALT

Prolog 5

Mein Happy Place 6
Das WM-Spiel gegen die USA 11
Der verhängnisvolle 14. Mai 2011 21
Wie alles begann 29
Die ersten Tage nach dem Unfall 37
Mein Weg zum Eishockeyprofi 45
Im Anna-Seiler-Haus – die ersten Schritte zurück 60
Der Weg zur WM 2011 71
Wie ich der Unfallfahrerin verziehen habe 79
Therapien – so schaffte ich das Comeback 87
Die zweite Karriere als Hockeyprofi 97
Der Rücktritt – es geht nicht mehr 112
Ein Traum ist geplatzt – der tiefe Fall 120
Der Weg zurück ins Leben 123
Ohne psychische Gesundheit geht es nicht 135
Akzeptieren – Verarbeiten – Loslassen 141
Mein Leben heute – deich dra, SORGHA 147

Danke	160
Timeline	162
Autorenporträts	164
Bildnachweis	166
Impressum	168

PROLOG

9. MAI 2011

STELL DIR VOR, du hast den besten Moment deiner bisherigen Karriere. Du stehst auf dem absoluten Höhepunkt. Dein Kindheitstraum ist zum Greifen nah.

> «Die Schweizer liessen sich nicht aus dem Konzept bringen. Nach gutem Forechecking war es wieder Kevin Lötscher, der herrlich traf. Der Walliser zeigte, dass die Schweizer das Zeug hätten, die nötigen Tore zu schiessen.»
> *(Originalkommentar SRF)*

DU HAST als junger Schweizer Eishockey-Nationalspieler an deiner ersten Weltmeisterschaft überhaupt für dein Land gegen die Hockeymacht USA gesiegt. Hast mit dem 1:1 den ersten Rückstand aufgeholt.

DEIN WUNDERSCHÖNES 4:2 hat die Sache klargemacht.

DU WIRST AUSGEZEICHNET zum «Best Player» dieses Spiels.

VOR DEN AUGEN der Talentsucher aus Nordamerika.

DIE CHANCE, in die NHL, die beste Liga der Welt, zu wechseln, wird plötzlich real.

UND DU KANNST DICH NICHT DARAN ERINNERN...

GENAU SO ist es mir ergangen.

ICH BIN KEVIN LÖTSCHER. Ich habe damals, im Mai 2011, diese Tore erzielt.

UND ICH ERZÄHLE HIER MEINE GESCHICHTE.

Die Alphütte oberhalb von Pletschen (Leuk-Susten) ist seit Jahrzehnten im Besitz unserer Familie. Hier verbringe ich noch heute so viel Zeit wie möglich.

MEIN HAPPY PLACE

Nur wenige Tage nach diesem WM-Spiel gegen die USA ist alles anders. Mein Leben hat eine Wendung genommen, mit der ich nie gerechnet hätte. Wie auch?

«From Hero to Zero» – und das in weniger als einer Woche.

Dass ich mich an das wichtigste sportliche Ereignis meines Lebens nicht erinnern kann, war manchmal schwierig zu akzeptieren. Es ist, als hätte ein grosses schwarzes Loch den glänzenden Stern verschluckt.

Gedanken mache ich mir viele. Über die Gegenwart, die Zukunft, darüber, wie ich mein Leben heute lebe. Manchmal schweife ich dabei natürlich auch in die Vergangenheit ab.

Wenn ich nachdenken will, wenn ich Zeit für mich brauche, fahre ich noch heute am liebsten zu unserer Alphütte. Auch wenn ich nicht mehr so oft dort oben bin, wie ich es gerne wäre. Schon auf dem Weg dorthin fängt es in meinem Bauch an zu kribbeln. Hinter dem Schwimmbad Bella-Tola in Susten führt eine Bergstrasse nach oben. Strasse ist vielleicht etwas viel gesagt – es ist eher eine Schotterpiste, schmal, auf der einen Seite geht es steil nach unten. Im Winter ist die Strasse oftmals gesperrt und man gelangt nur zu Fuss zur Alphütte. Mit jedem Höhenmeter steigt auch das Alpenfeeling.

So viele Erinnerungen begleiten mich auf dem Weg nach oben. Erinnerungen an die vielen Walliserplatten, die ich mit meiner Familie in einem urchigen Restaurant am Streckenrand gegessen habe, an meine Anfänge auf dem Snowboard, wenn mein Blick das Skigebiet trifft, wo ich so viele Stunden und Tage verbrachte. Ich sehe die Sprachgrenze, die Weinberge – ich bin ein grosser Weinliebhaber – bis hinüber nach

Gampel, wo das Open Air stattfindet, das ich so oft besuchte. Das Wallis ist meine Heimat und für mich die schönste Region der Schweiz. Ich bin stolz, hier aufgewachsen zu sein.

Man kann nicht ganz bis zur Hütte fahren. Deshalb muss man an der Strasse parken und die letzten rund zwei Minuten zu Fuss gehen. Der schmale Grasweg führt an einem Wassertrog vorbei – mit dem herrlichsten Quellwasser, das ich kenne. Ich kann unmöglich an dem Brunnen vorbeigehen, ohne ein paar Schlucke des kühlen Wassers zu trinken.

Die Alphütte gehörte einst den Eltern meines Vaters. Mein Vater hat sie dann renoviert. Und mein Bruder hat den riesigen Garten in eine Permakultur verwandelt, vor allem während der Coronapandemie, heute kann man dort oben quasi als Selbstversorger existieren.

Ich liebe es, Zeit in der Alphütte zu verbringen. Es gibt keinen Fernseher, keine sonstigen Ablenkungen. Man ist gezwungen, sich mit sich selbst auseinanderzusetzen. Wir können hier wandern, diskutieren, Gesellschaftsspiele spielen, ein Glas Wein trinken, die Natur entdecken. Es ist eine Einsamkeit, die mir gefällt. Ich liebe zudem die vielen Düfte, die in meine Nase steigen. Sobald ich aus dem Auto steige, erreicht mich der stechende Geruch nach Tannennadeln. So tief wie möglich atme ich ihn ein. Später riecht man auch Gras, Blumen oder eine Kuh.

Am Millenniums-Silvester war ich mit meinem Bruder und unseren Eltern hier oben. Wir wollten vor dem Cheminéefeuer schlafen und mussten dafür extra den Esstisch wegtragen und eine Matratze auf den Boden legen. Das Feuer ist bis heute die einzige Wärmequelle in der Hütte. Tagsüber fuhren wir Snowboard. Es hatte über einen Meter Schnee. Das gibt es heute kaum noch. Nur ein paar Meter neben der Hütte befindet sich ein grosser, relativ flacher Stein. Direkt bei diesem Stein bauten wir eine Schanze.

Mein Happy Place, der grosse, flache Stein direkt neben der Alphütte meiner Familie im Wallis.

Wenn ich heute von meinem Happy Place erzähle, dann erzähle ich sehr oft von diesem Stein. Wenn ich darauf sitze oder liege, kann ich alles um mich herum vergessen. Mitten in der Natur bin ich umgeben von Weiden, Bäumen, Tieren und einer traumhaften Ruhe. Ich sehe die Berge, die Wälder, die Blumen, atme die saubere Luft ein und widme mich meinen Gedanken. Es ist eine Auszeit. Es ist die Zeit, in mich hineinzuhören und über die Dinge, die mich beschäftigen oder begleiten, nachzudenken. Ich überlege, welche Entscheidungen ich fällen soll. Aber auch ganz simpel, in welchen Situationen ich besonders gut und erwachsen reagiert habe. Es ist mir wichtig, dass ich auch die positiven Dinge beleuchte und analysiere. Es ist die Zeit der Selbstreflexion. Diese ist ein sehr wichtiger Teil meines Lebens geworden. Meines zweiten Lebens. Den unbeschwerten Jungen, der von der grossen Hockeykarriere träumte, den gibt es heute nicht mehr.

Meine Kindheitsträume sind nicht in Erfüllung gegangen. Ich habe nie in der NHL gespielt, stand nie wieder an einer WM im Einsatz. Das WM-Spiel gegen die USA war nicht der bisherige Karrierehöhepunkt,

Klein Kevin, ebenfalls vor der Alphütte. Ich wollte schon früh mit dem Kopf durch die Wand. Oder habe, wenn ich meinen Willen nicht bekam, einfach mal ins Gras gebissen.

sondern *der* Karrierehöhepunkt. Denn meine Eishockeykarriere hat einen Verlauf genommen, den ich mir an diesem 9. Mai 2011 niemals hätte vorstellen können. Glaube ich zumindest. An diesen Tag erinnern kann ich mich bis heute nicht.

Von der Hütte bis zu meinem Stein sind es nur ein paar Schritte. Oft ziehe ich mich hierhin zurück, gerne auch mit einer Flasche Bier. Ich schliesse meine Augen und schweife ab in die Vergangenheit. Versuche, mich zu erinnern. Bis heute ist es mir nicht gelungen. Und trotzdem ist dieses Spiel eng mit meinem Schicksal verknüpft. Meine Gedanken daran sind nicht negativ. Ich versuche grundsätzlich, aus allen Situationen das Positive mitzunehmen und vorwärtszuschauen. Der Blick zurück hält mich nur auf.

Das Schicksal hat es in diesen wenigen Tagen im Mai 2011 nicht nur gut mit mir gemeint.

DAS WM-SPIEL GEGEN DIE USA

Die WM in Košice ist für mich ein einziges schwarzes Loch. Ich werde mich beim Schreiben dieses Buches an viele Details aus der Vergangenheit erinnern müssen. Und ich möchte mich erinnern – weil ich meine Geschichte so authentisch wie möglich aufschreiben möchte. Das höchste Hoch und das tiefste Tief meines Lebens sind jedoch aus meinem Speicher gelöscht. Fast komplett. Ich sitze auf meinem Stein, an meinem Happy Place, und schliesse die Augen. So fällt es mir leichter, die Bilder abzurufen, die noch vorhanden sind.

Ich sehe tatsächlich einige wenige Bilder, die ich der Zeit in Košice zuordne. Ein Bild aus der Umkleidekabine erscheint vor meinem geistigen Auge. Eines aus der Eishalle. Ein Hotelzimmer. Es sind alles Einzelbilder, Fotos. Mein Kopf macht keinen Film daraus. Ich sehe unser Charterflugzeug. Unseren Teambus, der von der Polizei eskortiert wurde. Mein Mami, stolz mit der Handykamera. Ich fühle eine gewisse Enttäuschung über unser Ausscheiden. Doch Fakt ist: Die bewusste Erinnerung ist weg. Heute kann ich nicht mehr sagen, was davon tatsächlich eine Erinnerung ist und was eher eine Art Vorstellung von den Ereignissen damals in der Slowakei.

Auch wenn ich mich an dieses Highlight meiner Karriere als Hockeyprofi nicht erinnern kann – an so viele grossartige Spiele kann ich mich sehr gut erinnern. Wenn man in einem Länderspiel ein Tor schiesst, ist das eine Belohnung für die ganzen Mühen. In so vielen Trainings während so vieler Jahre habe ich auf die Zähne gebissen, habe auf vieles verzichtet, mich entschlossen, die nötigen Opfer zu bringen. Jedes Tor hat mich meinem Traum nähergebracht. Sie haben gezeigt, dass ich das alles nicht umsonst gemacht habe, dass es einen Sinn hat und ich die Früchte im richtigen Moment ernten kann. Es ist einfach ein unglaubliches Gefühl, das weiss ich noch genau. Und ich

Oben: Ich werde zum «Best Player» des Spiels gegen die USA gewählt. Nur wenige Monate zuvor war so eine Auszeichnung für mich noch weit weg.

Unten: Nach dem Treffer zum 4:2 gegen die USA. Ich kann es kaum fassen.

denke, dass ein Treffer gegen die USA für mich noch spezieller gewesen sein muss – denn es ist das Land der NHL.

In der Nationalmannschaft bin ich jeweils mit der Rückennummer 71 aufgelaufen. Eigentlich hätte ich gerne die 61 gehabt – doch die war schon weg. Patrik Bärtschi, der damals beim EHC Kloten spielte, hatte sie sich unter den Nagel gerissen. 61 ist der Jahrgang meiner Mutter und die Lieblingszahl eines guten Freundes. Also dachte ich, nehme ich eben zehn höher. 71. Das ist der Jahrgang meines Onkels. Das hat sich für mich richtig angefühlt. Ich bin ein totaler Zahlenmensch. Zahlen begleiten mich immer wieder durch mein Leben, ich achte mich auch bei Handy- oder Autonummern auf die richtigen Kombinationen. Ich überlasse Zahlen nur ungern dem Zufall.

Ich weiss noch sehr genau, wie es ist, sich auf ein so wichtiges Spiel vorzubereiten. Wenn ich die Garderobe betreten habe, waren da immer sofort all die typischen Gerüche. In den Nasen der meisten Menschen wahrscheinlich keine Wohltat – doch für mich ein Gefühl von «So riecht Eishockey». Ich weiss noch, wie es sich angefühlt hat, in die Ausrüstung zu steigen, die Handschuhe anzuziehen, den Helm aufzusetzen. Noch vor dem Helm setzte ich jeweils meine Kopfhörer auf. Für einige Minuten gehörte mein Geist der Musik. «Whiskey in the Jar» von Metallica hat mich gepusht, in die richtige Stimmung gebracht. In diesem Moment habe ich meine eigene Welt betreten. Alles um mich herum ist ruhig geworden. Volle Konzentration. Auf das Spiel. Auf meine Ziele.

Auch an all die anderen Gerüche kann ich mich noch gut erinnern. Wenn ich die Augen schliesse, steigen sie in meine Nase, als wäre das alles erst gestern gewesen. Die Schärfe des Perskindols beim Aufwärmen trieb mir fast die Tränen in die Augen. Beim Buffet roch es nach frischen Früchten. Die Zuckerstückchen mit den Carmol-Tropfen hatten den Geruch von Melissengeist. Ich rieche noch heute den leicht chemischen Geruch des Isolierbandes, mit dem ich den Griff und die

Schaufel des Hockeystocks umwickelt habe. Ich liebte den Geruch nach Isolierband. Klingt speziell, oder? Doch jeder Hockeyspieler weiss, was ich meine. Meinen Griff habe ich zusätzlich mit Babypuder bestäubt – das machte ihn zwar griffig, aber doch ein bisschen rutschig. So konnte ich meine Stärke, meine flinken Hände, am besten einsetzen. Diese Düfte habe ich so gerne in mich aufgesogen, wie alles, was vor oder während eines Matches um mich herum passierte.

Besondere Rituale vor einem Spiel hatte ich eigentlich nie. Ausser dass ich meine Stöcke immer ausserordentlich gut behandelt habe. Wenn sie neu waren, durften sie sogar neben mir im Bett nächtigen. Fast jeder Spieler hatte ein Ritual, einen «Tick», einfach eine Methode, die ihm half, «on the top» zu kommen, zur besten Version seiner selbst zu werden. Mir war egal, wer sich wie pushte. Jeder musste es so machen, wie es für ihn stimmte. «Jeder, wie er will!»

Ich erinnere mich noch genau an das Gefühl, wenn ich jeweils die Eishalle betreten habe. Das Publikum um mich herum habe ich eigentlich nur am Anfang wahrgenommen – manchmal habe ich jemanden erkannt, ihm zugewinkt. Danach war ich ganz bei mir, bei meiner Aufgabe und habe die Welt um mich herum ausgeblendet. Oft habe ich nicht einmal den Schiedsrichter registriert. Natürlich ist vor einem Spiel – noch dazu vor einem wichtigen Länderspiel – eine gewisse Nervosität da. Es kribbelt im Bauch, die Spannung steigt. Das ist aber gut, es hilft, sein ganzes Können auf den Punkt abzurufen. Wäre es mir egal gewesen, hätte ich vielleicht auch so gespielt.

Eishockey ist eine Lebensschule. Es lehrt einen, auf sich zu hören und das zu machen, was einem guttut.

Die Szenen aus dem Spiel Schweiz – USA habe ich in all den Jahren schon Hunderte Male auf dem Handy oder am Laptop angeschaut. Es ist für mich immer wieder speziell, diese Szenen zu sehen – denn ich weiss, dass ich es bin, der da agiert. Ich erkenne meine Bewegungen, meine Mimik, meine spielerische Freude. Und doch fühlt es sich an, als würde mein Zwillingsbruder auf diesem Feld stehen und diese Tore schiessen. Als hätte ich dieses Spiel nie erlebt. Wenn ich die Tore sehe und dazu etwas erzähle, stockt meine Stimme. Ich habe einen Kloss im Hals. Es geht mir nahe, noch heute. Das kann ich nicht abstreiten.

Es ist die Eishockey-Weltmeisterschaft 2011 im slowakischen Košice. Meine erste WM bei der Elite. Ich bin gerade dreiundzwanzig Jahre alt, habe erstmals die Gelegenheit, mein Können und mein Talent international auf höchster Ebene unter Beweis zu stellen. Und ich will diese Chance nutzen.

Für die Schweiz geht es um nichts mehr. Schon vor dem Spiel ist klar, dass wir die Viertelfinals verpassen werden – egal ob wir gegen die USA gewinnen oder verlieren. Doch für mich geht es um nichts weniger als einen grossen Traum: Ich will in die beste Liga der Welt, in die NHL. Und hier schauen die Menschen zu, die die Macht haben, diesen Traum wahr werden zu lassen. Wenn es mir gelingt, auf mich aufmerksam zu machen.

Es ist die zwölfte Minute. Die USA haben erst vor wenigen Sekunden den Führungstreffer zum 1:0 erzielt. Wir liegen also hinten.

Ich ziehe schräg von links auf das gegnerische Tor.

An der linken Seitenbande gibt es ein kleines Gerangel zwischen zwei US-amerikanischen Spielern sowie meinem Mitspieler Morris Trachsler und meinem Zimmerkollegen und Freund Simon Moser.

Plötzlich landet der Puck auf meiner Schaufel, ich muss ihn nur annehmen, kurz abdecken, zurechtlegen und kann ihn dann direkt aufs Tor schiessen.

Es geschieht alles in Sekundenbruchteilen. Damals hatte ich immer die richtige Intuition. Es ist mir leichtgefallen, in weniger als einer Sekunde aus mehreren Optionen die richtige zu wählen. Das ist heute anders.

> «Lötscher. Tor! Es ist das erste WM-Tor von Kevin Lötscher, und diesen Erfolg hat er sich wirklich verdient. Es war sein etwa 14. Schuss aufs gegnerische Tor, und jetzt war die Scheibe drin. Auf ihn zählen wir in der Zukunft im internationalen Eishockey.» *(Originalkommentar SRF, Jann Billeter)*

Durch das Stadion hallt der Song «Heaven» von Gotthard. Ein Song, der es schafft, Emotionen zu wecken. Beim Publikum. Und bei den Spielern.

Auf dem Video sehe ich mich jubeln, meine Teamkollegen umarmen mich. Wenn ich mich in diesem Augenblick beobachte, fühlt sich das authentisch an. Es ist meine Freude, es ist meine Art, ein Tor zu feiern. Ich kenne diese Gesichtszüge, weiss, dass meine Arme in die Höhe schnellen.

Wie unendlich glücklich und erleichtert ich in diesem Moment gewesen sein muss.

Es war nicht so, dass ich vor einem Treffer, einem Schuss aufs Tor dachte, der geht sicher rein. Ich wusste nur, dass ich mein Bestes dafür geben werde. Meine Gedanken waren in solchen Momenten immer positiv. Man darf nicht vergessen: Jeder auf dem Feld will sein Bestes geben. Der Stürmer will treffen. Doch der gegnerische Torhüter und die Verteidiger wollen den Treffer verhindern. Es muss viel zusammenpassen, damit der Puck im Netz zappelt. Wenn ich die Tore jetzt auf dem Bildschirm sehe, denke ich, dass ich wirklich stolz sein kann. Diesen Treffer hätte wahrscheinlich nicht jeder so gemacht.

Meine erste Eishockey-WM mit der Elite.
Ich gebe vollen Einsatz!

Noch dazu an einer WM. Gegen die USA.

Dann die 31. Minute.

Der Puck schnellt hinter dem gegnerischen Tor hervor und springt auf mich zu. Ich haue drauf.

> «Und die Scheibe ist drin. Es jubelt aber nicht Moser, sondern zum zweiten Mal Kevin Lötscher.
> Das ist das, was ein Instinkt ist. Er hat von Anfang an gesehen, dass die Scheibe hinter dem Tor durchkommt, unkontrolliert. Und aus spitzem Winkel ‹chlöpft› er ihn unter die Latte.»
> *(Originalkommentar SRF, Jann Billeter / Mario Rottaris)*

In der Zeitlupe ist zu sehen, wie die Trinkflasche des gegnerischen Torhüters aus dem Tor herausspickt. Das finde ich heute noch richtig geil. Dass ich den Puck so reingedonnert habe, dass die Flasche durch die Luft flog. Nach dem Treffer falle ich auf die Knie.

Meine Arme bleiben dieses Mal unten. Die Freude ist vielleicht nicht sofort sichtbar. Doch in mir drin hat es in diesem Moment gebrodelt, da bin ich mir absolut sicher. Ich weiss, ich fühlte in diesem Moment eine tiefe innere Befriedigung. Ein Tor gegen die USA zu schiessen, ist sackstark. Aber zwei Tore sind der schiere Wahnsinn.

> «Nun hoffen wir, dass er auch die Auszeichnung zum besten Spieler des Schweizer Teams erhält. Er hätte die Auszeichnung auf jeden Fall verdient.» *(Originalkommentar SRF, Jann Billeter)*

Diese habe ich dann auch bekommen. «Best Player» – eine Auszeichnung, die noch einmal verdeutlicht hat, was für ein Wahnsinnsspiel ich abgeliefert habe.

Das Spiel meines Lebens – an das ich mich nicht erinnern kann. Welche Bedeutung hat es heute für mich? Es hatte das Potenzial, mein Leben zu verändern. Es hat mich ganz nah an die Erfüllung meiner Kindheitsträume gebracht.

Noch heute jagt es mir kalte Schauer den Rücken hinunter, wenn ich das Spiel, die Tore sehe. Ich bin stolz auf diese Leistung. Die kann mir niemand nehmen, egal was danach passiert ist. Sie ist ein Teil meines Lebens, beweist mein Talent, meine Leidenschaft für diesen Sport. Meine Leistung in diesem Spiel zeigt, was ich bereit gewesen bin, für meinen Traum zu geben.

Und doch ist es heute einfach ein Spiel. Es hat mein Leben nicht verändert.

Der tiefste Einschnitt in mein Leben – das wusste ich an diesem Abend in Košice natürlich nicht – erfolgte erst einige Tage später. Auf eine Art und Weise, die ich nie für möglich gehalten hätte.

SEAN SIMPSON, DAMALIGER EISHOCKEY-NATIONALTRAINER

Der Kanadier Sean Simpson hatte die Schweizer Eishockey-Nationalmannschaft im Jahr 2010 übernommen. Er hatte zwei Ziele: an jeder Weltmeisterschaft mit der bestmöglichen Schweizer Mannschaft anzutreten und der nächsten Generation die Chance zu geben, auf internationalem Terrain Erfahrungen zu sammeln. Für Letzteres war der Deutschland Cup Ende 2010 hervorragend geeignet. Hier kam auch Kevin zu seinen ersten Einsätzen in der Nationalmannschaft. «Kevin spielte ein hervorragendes Turnier, wie auch einige andere junge Spieler. Wir beschlossen, als wir mit der Vorbereitung auf die WM 2011 begannen, einige dieser Jungs weiter mitzunehmen, damit sie ihr Potenzial zeigen können», erzählt Sean Simpson. So auch Kevin.

Der junge Kevin konnte in der WM-Vorbereitung ebenso überzeugen und überstand jede Auswahlrunde. «Irgendwann musste ich das endgültige Team zusammenstellen, das mit zur WM nach Košice reist. Und Kevin hatte sich seinen Platz in diesem Team wirklich verdient.» Er sei gross gewesen, sehr geschickt, er habe enormes Talent dafür gehabt, die wichtigen Tore zu schiessen. Zudem, erinnert sich Sean Simpson, habe sich Kevin auf das Training einlassen können, habe seine Tipps angenommen. «Er war ein grossartiger Teamkollege, alle liebten seine Persönlichkeit, seinen Humor und seine Energie.»

Auch der Ernstkampf konnte Kevin nicht bremsen. Er bekam die Chance, auf Positionen zu spielen, die den nötigen Erfolg bringen konnten. «Er hat ganz bestimmt gespürt, dass er mein Vertrauen hatte und zum Schlüsselspieler werden konnte.»

Gegen Frankreich konnte das Schweizer Team in der Verlängerung noch gewinnen, musste aber einen Punkt abgeben. Das Spiel gegen Norwegen ging verloren. Die Chancen auf die Viertelfinals schwanden – und waren ohne die Schützenhilfe Frankreichs letztlich ganz weg. Die Schweiz war raus. Trotzdem wollten die Eisgenossen im letzten Spiel gegen die USA noch einmal ihr bestes Eishockey auspacken. Dies gelang besonders gut: Kevin Lötscher mit zwei herausragenden Treffern. Nach diesem Spiel gegen die USA habe er die Aufmerksamkeit auf Sicher gehabt, so der ehemalige Nati-Coach. «Auch die der NHL.» Dass sich Kevins Welt so kurz nach der WM so schnell und für immer veränderte, war auch für den Nati-Coach ein Schock. «Es waren drei oder vier schreckliche Tage. Wir wussten nicht, was passiert ist, wie es ihm geht.» Simpson erfuhr durch einen Anruf von dem Unfall, wer ihn informiert hat, weiss er nicht mehr. Aber noch, dass er danach immer wieder Radio gehört und Zeitung gelesen hat, um am Ball zu bleiben. «Wir waren kurz zuvor fünf oder sechs Wochen ständig zusammen, haben alle Emotionen erlebt. Und dann das. Ich war einfach sprachlos.»

Bald gab es erste Informationen von Seiten des SC Bern, wo Kevin damals unter Vertrag stand. Auch Kontakt zu Kevins Vater habe bestanden, erinnert sich Sean Simpson. Später habe er Kevin im Spital besucht. An Eishockey habe er dabei keine Sekunde gedacht, es sei schlicht kein Thema gewesen. Kevin sei in diesem Augenblick einfach ein Freund in Not gewesen. «Ich war so glücklich, ihn lebend zu sehen. Ich wollte einfach, dass er gesund wird.» Heute haben die beiden Männer eine ganz besondere Verbindung. Man sehe sich nicht oft, doch bei jedem Treffen sei die Verbindung sofort wieder da. Wie immer im Hockey, wie Simpson betont. Die Erfahrungen schweissten zusammen. «Ich bin sehr stolz auf Kevin. Was er aus seinem Schicksal gemacht hat. Dass er anderen Leuten helfen will. Er sagt nicht, was die Menschen tun sollen. Er erzählt nur von seinem eigenen Weg. Und das ist grossartig.»

DER VERHÄNGNISVOLLE
14. MAI 2011

Das Perfide an Schicksalsschlägen ist, dass sie einfach zuschlagen, ohne vorher zu warnen oder laut «Hallo» zu rufen. Von jetzt auf gleich ist alles anders. Und wohl am ehesten dann, wenn man nicht damit rechnet. Wenn man gerade besonders glücklich ist und sich auf die Zukunft freut, auf das, was kommt. Genau dann bricht einfach alles ein.

Ich habe ein zweites Leben geschenkt bekommen. Ja. Und ich bin sehr dankbar dafür. Allerdings habe ich niemanden um dieses zweite Leben gebeten. Ich war sehr glücklich mit meinem ersten Leben, mit dem Leben, das ich hatte. Alles geschieht aus einem Grund. Und wenn ich mein heutiges Leben betrachte, glaube ich, dass es den heutigen Kevin mehr braucht als den jungen Eishockeyspieler damals. Dass dieser der Menschheit heute mehr zu geben hat. Weil er viele wertvolle Erfahrungen machen durfte.

Plötzlich beginnt also dein zweites Leben – und du kannst dich entweder damit arrangieren, Lösungen finden oder resignieren.

Mein zweites Leben begann am 14. Mai 2011 – irgendwann zwischen vier und fünf Uhr morgens an einem gewöhnlichen Kreisel in Sierre im Kanton Wallis. Was ich jetzt erzähle, wurde auch mir erzählt, ich kann mich an die genauen Ereignisse, an meine Gefühle und Gedanken nicht mehr erinnern. Vielleicht fällt es mir aber genau deshalb etwas leichter, jetzt, an meinem Happy Place, darüber nachzudenken und in meinem Kopf nach Erinnerungen zu suchen. Es ist für das weitere Leben bestimmt nicht verkehrt, dass das Gehirn schreckliche Ereignisse und Bilder ausblenden, ja gar vergessen kann.

Dieses Bild ist das einzige, das es vom Unfallabend gibt. Es sieht so aus, als hätte ich eine tolle Zeit mit meinen Freunden gehabt.

Damals wohnte ich in Bern, ich hatte kurz zuvor beim SCB einen Vertrag unterschrieben, sollte für die Berner bald auf dem Eis stehen. Kurz vor der Weltmeisterschaft in der Slowakei bin ich von Biel in die Hauptstadt gezogen.

Nach der WM und meinen zwei Toren war ich auf meinem persönlichen Höhepunkt. Eine erste Anfrage aus der NHL für ein Sommercamp lag auf dem Tisch.

Es muss ein absoluter Höhenflug gewesen sein. Alles andere ist für mich unvorstellbar. Ich wollte immer Eishockeyprofi sein. Schon in meinem Kinderzimmer hing ein Poster des NHL-Stürmers Jaromír Jágr. Der kleine Kevin wollte der Jàgr aus dem Wallis werden. Ich hatte den für mich schon grossartigen Vertrag mit dem SC Bern in der Tasche und spielte meine erste A-WM für die Schweiz.

Es war der füdliblutte Wahnsinn.

Ich bin überzeugt davon, dass ich unglaublich stolz war, für mein Land an dieser WM zwei Tore gegen die USA erzielt zu haben. Alles andere würde für mich keinen Sinn ergeben.

In der Zeit während der WM lebten wir seriös. Keinen Alkohol, früh ins Bett. Damals war ich so jung, erst dreiundzwanzig, und ich wollte meinen Erfolg gebührend feiern. Den Donnerstag, das war der 12. Mai, widmete ich meinen Hockeyfreunden. Wir zogen in Bern um die Häuser. Am Freitag, dem 13., bin ich ins Wallis gefahren. Ganz bestimmt war ich gut drauf, habe laut Musik gehört im Auto, vielleicht sogar mitgesungen. Das Wetter war, glaube ich, richtig schön. Genau weiss ich es aber nicht mehr. Es ist auch nicht wichtig. Ich feierte das Wiedersehen mit meiner Familie, die mich bereits in Košice besucht hatte. Anschliessend habe ich mich mit meinen vier besten Freunden aus der Schulzeit getroffen. Zusammen sind wir die «Fantastic Five» – eine Clique, die die Zeit überdauert hat. Wir sehen uns heute noch jedes Jahr. Wir haben bei einem der Jungs zu Hause grilliert. Danach nahmen wir noch einen Absacker in einer Bar. Meine Freunde wollten gegen zwei Uhr nachts nach Hause – doch ich war euphorisch, auf dem Höhepunkt meiner bisherigen Karriere, wollte nicht ins Bett, wollte feiern, mein Glück in die Welt hinausschreien.

Es fällt mir sehr schwer, das so zu erzählen, weil ich nicht mehr weiss, was ich genau gefühlt habe. Ich kann es mir nur nicht anders vorstellen.

Mit ein paar ehemaligen Schulkollegen aus dem Unterwallis zog ich also weiter. Wir wollten nach Crans-Montana. Wir machten uns zu Fuss auf den Weg zu einer Bekannten, waren dabei ziemlich laut. Sie wollte ein Auto holen und kam ein paar Minuten später mit dem riesigen BMW X6 ihres Vaters zurück. Eine junge Frau ohne Fahrerfahrung, die sonst in einem Smart durch die Strassen kurvte. Wir stiegen trotzdem ein, sie fuhr los.

Sehr schnell realisierten wir, dass sie überhaupt nicht mehr fahrtüchtig war. Sie war sturzbetrunken. Wir bekamen Angst, wollten aussteigen und haben sie irgendwie dazu gebracht, das Auto anzuhalten. Ein Freund schrie, er habe die Jacke in der Tür eingeklemmt. Sie stoppte. Es schien unsere Rettung zu sein.

Das Auto nach dem Unfall. Es ist gut zu erkennen, wo es mich getroffen hat.

Wir sprangen alle heraus und gingen über die Strasse. Ich lief am Strassenrand zurück in die Richtung ihres Zuhauses. Sie lenkte den BMW um einen Kreisel herum, um ebenfalls zum Haus zurückzukehren.

Genau auf meiner Höhe hat sie die Kontrolle über den Wagen verloren. Mit fast 1,6 Promille im Blut und 85 Stundenkilometern auf dem Tacho hat sie mich von hinten aufgeladen. Ich bin dreissig Meter durch die Luft geflogen.

Und hier endete mein erstes Leben: auf einem Kieshaufen in Sierre, bewusstlos, blutend aus Mund, Nase und Ohren.

Die Kantonspolizei Wallis schreibt trocken: «Kurz vor 4.30 Uhr hat sich beim Spitalkreisel in Sierre ein Verkehrsunfall ereignet. Eine 19-jährige Walliserin erfasste mit ihrem Personenwagen zwei Fussgänger. Während das Fahrzeug den einen Fussgänger seitlich streifte, wurde der zweite von der Front voll erfasst. Der von der Fahrzeugfront erfasste Fussgänger, ein 23-jähriger Walliser, musste in die Intensivstation überführt werden. Die Fahrzeuglenkerin wurde einem Atemlufttest unterzogen, welcher positiv (1,56 Promille) ausfiel.»

Für mich hat sich alles geändert. Den Kevin Lötscher, der zwei Tore gegen die USA erzielt hatte, der in die NHL wollte, der seinen grossen Traum lebte – den gab es nicht mehr.

Hier ist der Unfall passiert. Es hat mich beim Aufprall aus den Schuhen gelupft (sie liegen noch an meinem Standort). Am Ende lag ich auf dem grossen Haufen rechts neben dem Wort «Corin».

MARTIN LÖTSCHER, VATER

Das Telefon klingelte morgens um halb sechs und riss Martin Lötscher und seine Partnerin Jacqueline aus dem Schlaf. «Jacqueline ist rangegangen – doch sie hat sofort nach mir gerufen. Ein Polizist, den ich sogar persönlich kannte, erzählte mir am Telefon, dass Kevin im Spital liege. Ich solle sofort kommen.»

Genaueres konnte der Polizist nicht sagen – etwa wie es um Kevin stand. «Ich bin raus aus dem Pyjama, rein in die Hose und sofort nach Sitten gefahren.» Dem Vater hat sich rasch die Frage nach der Schuld aufgedrängt. «Es war mir wichtig, zu wissen, ob es seine Schuld gewesen war. Ich habe dann erfahren, dass er nicht im Auto gesessen hatte. Das hätte mich auch gewundert, denn er ist nie gefahren, wenn er in den Ausgang ging. Er hat sein Auto immer stehen lassen.»

Am Tag vor dem Unfall sei Kevin wahnsinnig glücklich gewesen, erzählt sein Vater. Er habe die ganze Zeit von der WM gesprochen, von den zwei Toren gegen die USA und dabei gestrahlt. «Ich sagte ihm, er solle feiern gehen, er solle es geniessen. Nur schon dass er für die WM aufgeboten worden war, war eine riesige Überraschung. Er hatte sich gut vorbereitet, sich eingesetzt. Dass er dann auch noch so gut gespielt hat – das hat niemand erwartet. Er war richtig, richtig happy. Für ihn war das ein Meilenstein. Ein Durchbruch.»

Doch jetzt war alles anders: Im zweiten Stock des Spitals Sitten traf er auf seinen schwer verletzten Sohn. «Er lag bereits im künstlichen Koma, voller Schläuche und Monitore. Ich konnte nicht mit ihm sprechen. Das war richtig schlimm.» Es war auch nicht sofort ein Arzt zur Stelle, der dem Vater hätte Informationen liefern können. Martin Lötscher informierte Kevins Mutter und dessen Bruder, die dann beide kurze Zeit später ebenfalls im Spital eintrafen.

«Endlich konnten wir auch mit einem Arzt reden. Leider nur auf Französisch – es war nicht ganz einfach, die ganzen Fachausdrücke zu verstehen.»

Rasend schnell verbreitete sich die Nachricht vom Unfall in den Medien. Zum Schutz der Familie Lötscher übernahm der SC Bern die komplette Kommunikation. Martin Lötscher hatte ohnehin weder Zeit noch Nerven dafür. Sein Fokus lag ganz woanders.

«Ich habe nur einen einzigen Artikel gelesen. Erst viel später. In der Situation habe ich versucht, das auszublenden. Die Prioritäten waren andere. Es ging um das Leben meines Sohns.»

Familie Lötscher hat die Verlegung Kevins ins Berner Inselspital in die Wege geleitet. «Nachdem klar war, dass Kevin ein schweres Schädel-Hirn-Trauma hat, dachten wir, dass er dort besser aufgehoben ist.» Der SCB habe hier wiederum geholfen. Sobald Kevin transportfähig war, wurde er mit dem Helikopter ins Inselspital verlegt – einige Tage nach dem Unfall.

«Am Nachmittag ist die ganze Familie zusammen nach Bern gefahren», erinnert sich Martin Lötscher. Die Ärzte informierten die Familie, dass es ungewiss sei, in welchem Zustand Kevin aus dem künstlichen Koma erwachen würde.

«Sie sagten, dass wir unsere Kräfte einteilen sollen. Es könnte sein, dass er lange unsere Hilfe braucht. Monate, Jahre, vielleicht ein Leben lang», erzählt Martin Lötscher, macht eine lange Pause, ringt um Fassung. «Das war sehr, sehr emotional. Das schüttelt mich noch heute durch.»

Später sei er auch an der Unfallstelle in Sierre gewesen. Zusammen mit seinem älteren Sohn Sven. «Da wurde mir sehr viel bewusst. Kevin hatte riesiges Glück. Ein Mensch ohne seine Fitness hätte das wahrscheinlich nicht überlebt.»

Martin Lötscher hadert nicht mit dem Schicksal – ebenso wenig wie sein Sohn. «Natürlich ist es ein Glücksgefühl, wenn sich Träume erfüllen. Wichtig ist aber, dass er noch da ist und dass es ihm gut geht. Das ist das grösste Glück.» Ab und an denke auch er an die NHL. Doch niemand wisse, ob ohne Unfall alle Pläne aufgegangen wären. «Ich glaube, dass er den Weg zurück ins Leben geschafft hat, war die grössere Herausforderung als jede NHL.»

WIE ALLES BEGANN

Natürlich bin ich ein stolzer Walliser. Ich liebe meine Heimat und finde, dass der hiesige Dialekt der schönste des ganzen Landes ist. Wenn ich zu unserer Alphütte fahre, kann ich so viele Details dieser Region überblicken, und jeder Teil ist mit einer Erinnerung verbunden. Meine ganze Kindheit und Jugend habe ich im Wallis verbracht.

An diese Kindheit erinnere ich mich immer gerne, auch jetzt, während ich noch immer auf meinem Lieblingsstein sitze und die Sonne geniesse. Zumal so viele Erinnerungen mit diesem Ort verbunden sind.

Das Eishockey war schon sehr früh ein Teil meines Lebens.

Bereits als Vierjähriger stand ich zum ersten Mal auf dem Eis. Noch ohne richtige Schlittschuhe – mein Vater hatte mir einfach Kufen an die Winterstiefel geschnallt. Er war einst selbst Eishockey-Nationalspieler. Ich war so stolz auf ihn, wollte ihm nacheifern – und sah dabei wohl eher aus wie ein kleiner Pinguin, der dringend mal musste. Später hat mein Vater mir und meinem Bruder unsere ersten Schlittschuhe aus Amerika mitgebracht. Er hatte dort ein Turnier mit den Senioren des HC Lugano absolviert.

Mein Vater war in sportlicher Hinsicht mein grosser Held. Seine eigene Eishockeykarriere und seine Leidenschaft für den Sport waren der Auslöser dafür, dass auch ich unbedingt Hockey spielen wollte. Was ich dann auch bald getan habe – bei den Zwergen des EHC Leukerbad. Ohne die Unterstützung meiner Eltern wäre meine Eishockeykarriere nicht möglich gewesen. Sie haben mich in alle Trainings gefahren, vor allem meine Mutter, waren bei den Spielen mit dabei, haben für eine hochwertige Ausrüstung gesorgt. Sie haben für meine Leidenschaft auf vieles verzichtet.

Mein Bruder Sven (links) und ich haben als Knirpse vor unserem Haus stundenlang Pucks auf ein Hockeytor geballert.

Ich erinnere mich noch an eine Szene, als wir bei einem Erstligamatch unseres Vaters zugeschaut haben. Als die Spieler aufs Eis kamen, lief «Go West» von den Pet Shop Boys. Dieses Lied hat mir einen Schauer über den Rücken gejagt. Als kleiner Knopf habe ich gedacht, das will ich auch mal. Zu diesem Song aufs Eis gehen, vor so vielen Zuschauern. In der Erstliga.

Am meisten gelernt habe ich wohl auf einem Natureisfeld, das direkt neben dem Haus meiner Grosseltern lag. Am Sonntag kamen sie alle: mein Vater, mein Bruder, mein Onkel, meine Cousins, viele Nachbarn – alle haben zusammen Eishockey gespielt. Ich konnte so viel profitieren, gerade von den ehemaligen Profis, zu denen mein Vater und ein ehemaliger Nachbar gehörten. Dieser hatte unfassbar schnelle Hände und konnte super dribbeln. Ich schaute ihm gerne zu und saugte alles in mich auf. Das Spiel gegen die Erwachsenen härtete mich körperlich ab.

Vor allem aber habe ich den Sport einfach geliebt. Vom ersten Tag an. Und ich liebe ihn noch heute.

Auf dem Feld stehen fünf Spieler mit unterschiedlichen Qualitäten, und diese fünf Spieler müssen versuchen, besser zu sein als die fünf

Mein älterer Bruder Sven und ich sind im Wallis
sehr behütet und geliebt aufgewachsen.

gegnerischen Spieler. Es hat in mir immer den Ansporn gegeben, besser zu werden und an mir zu arbeiten. Ich wollte einfach noch mehr Spass haben.

Ja, Spass.

Der Spass fehlte nie. Ich habe wirklich gerne, gerne, gerne Hockey gespielt. Erst kam ich in die Walliser Auswahl, dann in die der Westschweiz. Einmal durfte ich nach Kanada ans Pee-Wee-Turnier. Dieses findet jeweils in Quebec statt und gilt als die Weltmeisterschaft der U13. Zwei Schweizer Teams waren dabei, eines aus der Deutschschweiz und unsere Westschweizer Auswahl. Ich habe so viel erlebt mit dem Eishockey. Später kamen die U18- und die U20-Nationalmannschaft. Ich habe andere Länder gesehen, stand gegen Topspieler auf dem Eis. Ich habe gelernt, was es braucht, um im Kanton, im Land, in Europa und auch weltweit richtig gut zu sein. Diese Unterschiede zu sehen, das war speziell für mich.

Dass ich das nötige Talent besitze, zeichnete sich früh ab. Auch wenn ich heute denke, dass nicht nur das Talent allein mich in die Nationalmannschaft gebracht hat. Überhaupt hat mich Sport begeistert, ich habe Tennis gespielt, Fussball, ich bin Snowboard gefahren, Skateboard und Inlineskates, ich habe Kunstturnen gemacht und dann noch Hockey. Durch das alles hatte ich ein sehr gutes Gleichgewichtsgefühl, meine Augen-Hand-Koordination sowie die Augen-Fuss-Koordination waren schon früh sehr ausgeprägt. Dass ich auf dem Eis besonders gut war, ist irgendwann auch den Trainern aufgefallen. Jeder Club, für den ich je gespielt habe, hat mich weitergebracht, hat dafür gesorgt, dass ich mich im Wallis, in der Westschweiz und später auch national und international zeigen konnte.

Ich glaube, dass ich einen so direkten Weg zum Profi einschlagen konnte, liegt auch an meinem privaten Umfeld. Ich bin wahnsinnig beschützt und geliebt aufgewachsen, mit Eltern, die mich jederzeit gefördert haben, ohne aber Druck zu machen. Sie gaben mir nie das Gefühl, ich müsse Hockeyspieler werden – ich hätte auch alles andere machen können, Hauptsache, ich hätte darin Erfüllung gefunden.

Es hat meinem Bruder und mir nie an etwas gefehlt. Wir hatten das Privileg, in einem schönen Haus mit einem grossen Garten heranwachsen zu dürfen. In einem coolen Quartier mit vielen anderen Kindern. So erinnere ich mich an eine sehr glückliche Kindheit – und ich habe immer zu schätzen gewusst, was ich hatte. Damals wie heute. Ich hoffe, dass ich viel davon auch meinen eigenen Kindern mit auf den Weg geben kann – auch Werte wie Dankbarkeit, Höflichkeit und gute Manieren.

Natürlich habe ich gute Manieren gelernt – nur habe ich sie zugegebenermassen immer mal wieder vergessen. Ich hatte ziemlich viele Flausen im Kopf. Mein Vater war der Schulpräsident. Und er hatte öfters Ärger wegen seiner Söhne. Mein Bruder und ich waren gerne ganz vorne mit dabei, wenn es irgendwo Probleme gab.

An einen Streich erinnere ich mich besonders gut. Ein Kumpel und ich wollten beim Nachbarn Fussball spielen. Wir mussten ein paar Minuten vor dem Haus warten. Dort gab es einen grossen Holzstapel. Wir haben uns also die Scheite gegriffen und über eine Hecke hinter uns geworfen. Dummerweise war dort ein Biotop mit Fischen drin.

Später mussten wir zusammen mit unseren Vätern beim Nachbarn vorsprechen. Wir hatten ganze Arbeit geleistet – der ganze Teich war unter dem Holz vergraben. Mein Kumpel fing bei dem Anblick an zu kichern, und das hat mich dermassen aus der Fassung gebracht, dass ich lauthals loslachen musste. Es ging keine Sekunde und unsere beiden Väter verpassten uns gleichzeitig eine schallende Ohrfeige. Verdient hatten wir sie wohl. Diese Geschichte ist mir noch immer sehr präsent.

Sehr viel Zeit habe ich mit meinem grossen Bruder verbracht. Eishockey war unser Leben. Auch er hat früher Hockey gespielt, wenn auch

Oben: Die Junioren des EHC Leukerbad. Ich bin der mit dem Peace-Zeichen vorne in der Mitte.

Unten: Mein Vater ist nicht nur in sportlicher Hinsicht ein grosses Vorbild. Hier sieht man ihn bei einem Spiel des HC Sierre gegen den HC Fribourg Gottéron.

Oben: Die Junioren des FC Leuk-Susten, ich bin der Junge mit dem Pokal. Damals wollte ich mich einfach bewegen. Fussball gehörte ebenso dazu. Inklusive mir sind vier Jungs auf diesem Bild, die bis heute zu unserer Clique «The Fantastic Five» gehören.

Unten: Auf diesem Natureisfeld in Feithieren habe ich das Eishockeyspielen gelernt. Immer am Sonntag waren sie alle da: Vater, Bruder, Onkel, Cousin, Nachbarn.

ohne Ambitionen, Profi zu werden, und wir haben Tausende Pucks auf unser Tor geballert. Es war aus Metall und ging immer mal wieder kaputt. Heute steht es vor meinem Haus in Murten, es ist eine tolle und wertvolle Erinnerung an meine Kindheit und an meine Anfänge im Eishockey.

Für die Schule habe ich nur das Nötigste gemacht. Dafür war ich sogar ganz gut. Ich habe einfach lieber Hockey oder Fussball gespielt. Die Oberstufe habe ich in Grône absolviert, an einer Sportschule im französischsprachigen Teil des Wallis. Die Schule bot mir die Chance, meinen Traum vom Profihockey weiterzuträumen. Trainiert habe ich in dieser Zeit mit dem HC Sierre. Dass ich kein Französisch sprechen konnte, hat mich nicht aufgehalten. Ich habe es halt gelernt.

Allerdings hat die Sache kein gutes Ende genommen. Als ich in der dritten Oberstufe war, fiel eines Tages unser Morgentraining aus. Das Eis in unserem Stadion in Sierre war in keinem guten Zustand, und am Abend sollte hier ein Länderspiel stattfinden, ich glaube, die Schweiz traf auf Schweden. Somit waren die Verantwortlichen damit beschäftigt, das Eis zu präparieren. Wir sind in dieser Zeit am Bahnhof herumgelungert und haben ein paar Bier gekauft.

Als wir ein paar Stunden später ziemlich angeheitert bei der Schule aufkreuzten, war der Schuldige rasch gefunden. «Kevin hat das Bier gekauft. Kevin war der Leitwolf», haben meine Mitschüler gesagt. «Long story short»: Ich bin von der Schule geflogen. Zum Glück hatte ich bereits eine KV-Lehrstelle auf der Geschäftsstelle der Langnau Tigers in der Tasche. Von Sierre ging es also direkt in den Kanton Bern. Ich wollte einfach immer weiter, gegen die besten Spieler spielen, um mich so stark wie möglich zu entwickeln.

Wir lebten in unserer Kindheit und Jugend so sehr im Moment – wir hatten kein Handy, keine Social Media, kein Netflix. Wir haben uns nicht permanent verglichen. Wenn wir uns verabredeten, haben wir uns daran gehalten und nicht für eine bessere Option einfach abgesagt. Wir haben zusammen geredet und nicht bloss auf WhatsApp geschrieben. Das alles bedeutet mir sehr viel. Ich habe elementare Werte mit auf den Weg bekommen und dadurch einen gesunden Menschenverstand entwickelt. Obwohl meine Eltern sich trennten, als ich im Teenager-Alter war, haben sie als Eltern und als Familie immer zusammengehalten. Damit sind sie mir ein Vorbild. Das alles hat dazu beigetragen, dass ich meine Schicksalsschläge später überwinden konnte. Das alles hat mich zu dem Menschen gemacht, der ich heute bin.

DIE ERSTEN TAGE
NACH DEM UNFALL

Es ist nicht ganz einfach, über die erste Zeit nach dem Unfall zu berichten. Insgesamt habe ich eine Erinnerungslücke von ungefähr sieben Wochen. Vieles weiss ich also auch hier nur, weil jemand es mir erzählt hat. Trotzdem denke ich, ist dieser Teil der Geschichte wichtig. Er gehört dazu.

Die Nachricht von meinem Unfall ging damals wie ein Lauffeuer durch die Schweizer Medien. Die Zeitungen waren voll mit Artikeln, und die Leute redeten. Die Anteilnahme war natürlich ebenso gross. Es gab sogar Journalisten, die mit Mikrofon und Kamera vor dem Inselspital lauerten. Das uferte derart aus, dass mir das Inselspital Bern einen falschen Namen verpasste. Ich komme später darauf zurück.

Wenn ich mich auf meinen Stein zurückziehe, ziehe ich immer die Schuhe aus. Ich mag es, barfuss über die Wiese zu laufen, den harten Stein zu spüren, die Natur mit möglichst vielen Sinnen wahrzunehmen.

Meine ersten Erinnerungen nach dem Unfall hängen mit meinen Füssen zusammen. Jemand massierte meine Füsse, während ich im Koma lag. Ich habe Besuch gespürt, Berührungen. Aber ich habe kein konkretes erstes Bild im Kopf. Die Erinnerungen sind verwischt – die Bilder wechseln sich ab, und ich kann sie keinem Zeitpunkt zuordnen. Ich weiss nicht, ob es eigene Erinnerungen sind oder neue, hinzugefügt durch Fotos oder Erzählungen aus dieser Zeit.

Zuerst kam ich mit dem Krankenwagen ins Kantonsspital Sitten. Mein Zustand war lebensbedrohlich. Auf der Glasgow-Koma-Skala war ich eine Drei. Das ist kein sonderlich guter Wert. Im Gegenteil. Die Skala gibt die Schwere von Hirnverletzungen an. Je tiefer die Zahl, desto

Einige Tage nach meinem Unfall wurde ich auf Intention meiner Familie vom Kantonsspital Sion ins Berner Inselspital verlegt.

schlechter der Zustand. Weniger als Drei gibt es nicht – das hiesse tot. Ich war also eine Drei. Das bedeutete: Ich konnte meine Augen nicht öffnen, ich gab keine Antworten und zeigte keinerlei motorische Reaktionen mehr.

Nach meiner Verlegung ins Berner Inselspital blieb ich noch einige Tage im künstlichen Koma. So lange, bis klar war, dass ich stabil war. Meine Familie war immer da. Jeden einzelnen Tag. Sie haben sich abgewechselt, doch immer war jemand bei mir, hat mir gut zugeredet, meine Hände gehalten. Oder eben die Füsse massiert.

Sie haben mir meinen Lieblingskissenbezug mitgebracht, meinen Teddybären. Den ganzen Tag lief Bob Marley in meinem Zimmer, die Musik, die ich damals geliebt und ständig gehört habe. Die ich auch heute noch liebe. Ich kann mir nur vage vorstellen, was für ein unglaublicher Kraftakt dies für meine Eltern, deren Partner und meinen Bruder gewesen sein muss. Ausser meiner Familie durfte mich hier niemand besuchen. Auch wenn ich das alles nicht mehr weiss, so bin ich mir absolut sicher, dass dies alles zu meiner Genesung beigetragen hat.

Irgendwann haben mich die Ärzte aus dem künstlichen Koma geholt. Es ist nicht so, dass die für das Koma nötigen Maschinen abgestellt werden, und dann ist man sofort wach. Die Phase dauerte mehrere Tage. Wenn ich nach dem Abschalten keine Wachzeichen zeigte, wurden die Maschinen wieder eingeschaltet. Beim zweiten oder dritten Abstellen gab ich dann Zeichen, dass ich aufwachte. Auch in dieser Zeit war meine Familie da und hielt meine Hände.

Die grosse Frage war: Wenn ich wach bin – was kann ich dann noch? Einmal sagte mein Vater zu mir: «Ich ha di gäru.» Da habe ich geantwortet: «Ich dich öi.» Das war am 29. Mai 2011, also rund zwei Wochen nach meinem Unfall. Ich kann mich auch daran nicht erinnern, mein Vater hat mir das erzählt. Doch in diesem Augenblick ist ihm eine wahnsinnige Last von den Schultern gefallen. Ich konnte sprechen – und mich zumindest an ihn erinnern. Das war so viel besser als erwartet.

Ich wurde nach dem Aufwachen ins Anna-Seiler-Haus verlegt, eine auf Hirnverletzungen spezialisierte Klinik auf dem Areal des Inselspitals. Ab hier setzen auch langsam meine eigenen Erinnerungen wieder ein. Ich weiss noch, wie ich auf einer Matratze auf dem Boden lag. Von einem Bett hätte ich hinunterfallen können. Der Boden war sicherer. Ich hatte in der Zeit, in der ich im Koma war, fast zwanzig Kilos verloren, war nur noch Haut und Knochen. Viel habe ich nicht gemacht, eigentlich nur den ganzen Tag geschlafen. Ich existierte. Mehr nicht. War hilflos wie ein Baby, konnte nicht richtig reden, nicht selbst essen, nicht laufen und trug dicke Pampers – mit dreiundzwanzig Jahren.

Selbst an meine Vergangenheit als Hockeyspieler erinnerte ich mich nicht. Irgendwann habe ich meine Eltern gefragt, was ich beruflich mache, und war ganz erstaunt, als sie mir erklärten, dass ich Hockeyprofi sei. «Wo denn?», fragte ich sie. Auch diese Antwort – beim SCB – verblüffte mich. Interessanterweise war mir klar, dass der SCB ein Top-Hockeyclub war, dass ich dort unter Vertrag war, hatte ich dagegen vergessen.

CARINA LEHNER, MUTTER

«Von einem Tag zum anderen ist alles anders», erzählt Kevin Lötschers Mutter Carina Lehner. «Ich fiel in ein tiefes, dunkles Loch.» Nackte Angst habe sie überfallen, Angst, dass Kevin nicht überleben könnte. «Es hat sich angefühlt wie ein bleischweres Gewicht.»

Sie musste Kevin wickeln wie ein Baby, ihn füttern. «Ich fühlte mich dreiundzwanzig Jahre zurückversetzt. An den Anfang seines jungen Lebens.»

Carina Lehner und ihr Lebenspartner Geni zogen in Kevins Wohnung in Bern, um näher bei ihrem Sohn und Stiefsohn zu sein. «Wir haben die Wohnung schön hergerichtet für Kevin. Er sollte es gemütlich haben, sobald er nach Hause kommen durfte.»

Unmengen an Fanpost und Plüschtieren sind über den SCB an Kevins Adresse in Bern eingetroffen. «Wir haben alles in Kisten verpackt. Nachdem wir endlich Zugriff auf sein Facebook-Konto bekamen, konnten wir auch Nachrichten aus vielen Ländern beantworten. Nachrichten, die ihm Mut machen sollten.»

Dieser Mut und sein eiserner Wille seien so stark gewesen, dass es immer vorwärts gegangen sei. Das habe der ganzen Familie Hoffnung gemacht. «Ich erinnere mich, als Kevin im Koma lag, da hatte er mehrmals die Hand zu einer Faust geballt. Als wollte er uns sagen: Ich kämpfe und ich komme zu euch zurück.»

Die Erinnerungen an diese ersten Tage im Anna-Seiler-Haus in Bern verblassen nie, sagt Carina Lehner. «Es ist, als wäre es gestern gewesen, dass ich ihn zum ersten Mal mit dem Rollstuhl nach draussen spazieren fuhr und die Sonne ihn blendete.»

Es sei eine sehr schwere Zeit gewesen, damals, nach dem 14. Mai 2011. «Ich habe viel mit Gott geredet, dass er Kevin wieder gesund werden lasse. Von irgendwo kam dann auch die Kraft, das alles durchzustehen.» Der Zusammenhalt in der Familie sei in dieser Zeit das Wichtigste gewesen, sagt Carina Lehner.

«Ich danke jeden Tag dafür, dass wir unseren Sohn gesund wiederhaben und dass er aus seinem Leben etwas so Gutes gemacht hat. Mein Partner und ich sind mächtig stolz auf Kevin. Wir lieben ihn von ganzem Herzen.»

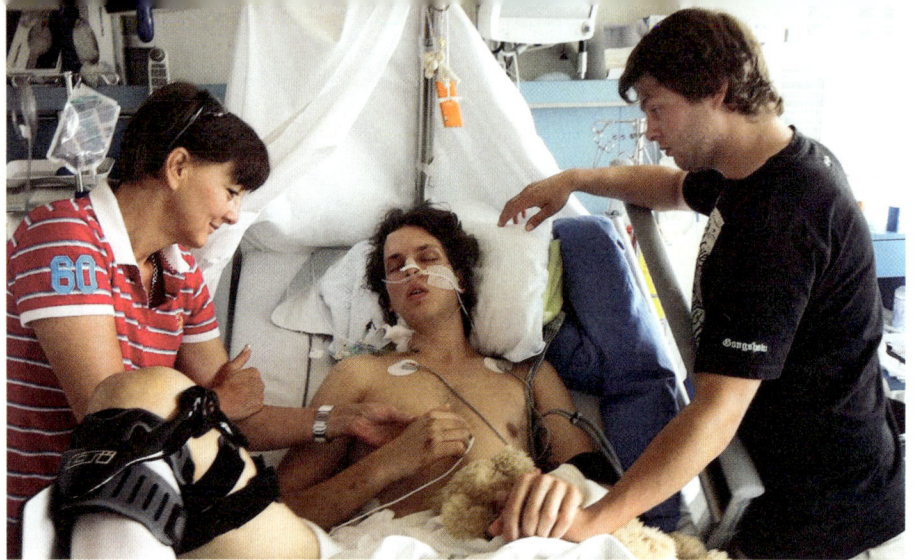

Kurz nach dem Unfall im Berner Inselspital. Zum Glück war meine Familie immer bei mir, hier meine Mutter und mein Bruder.

Neben dem Schädel-Hirn-Trauma wurden noch drei angebrochene Wirbel, drei angebrochene Rippen und zwei kaputte Knie diagnostiziert. Etliche Bänder schienen angerissen oder gezerrt zu sein. Meine Familie entschied, vorerst nicht zu operieren und zu schauen, was die Knie allein an Heilung vollbrachten.

Bald war mein Tagesablauf klar strukturiert: Therapien nach Stundenplan. Ergotherapie, Physio und vieles mehr, mein Tag war durchgetaktet. Am 7. Juni 2011 konnte ich nach vielen Tagen Schlucktherapie zum ersten Mal wieder eine Mahlzeit essen. Damit kam der Appetit zurück, und ich hatte einiges aufzuholen. Meine Familie fing an, mir bei ihren Besuchen Essen mitzubringen. Siedfleischsalat, Cordon bleu, Sushi, manchmal auch ein Menü von McDonald's. Das habe ich alles zusätzlich zu meinem Krankenhausessen verdrückt. Ich habe Unmengen gegessen.

Jeder kleine Fortschritt war ein Erfolg. Doch der Gedanke, je wieder Eishockey zu spielen, war weit weg. Ich konnte dankbar sein, wenn ich eines Tages wieder ein normales Leben führen konnte.

SVEN LEUENBERGER, DAMALIGER SPORTCHEF SC BERN

«Mir war von der ersten Sekunde an klar, dass ich alles tun würde, um Kevin zu helfen», erzählt Sven Leuenberger, damals Sportchef beim SC Bern. Und das, obwohl Kevin noch keine Sekunde für die Berner auf dem Eis gestanden hatte. «Ich habe der Familie Lötscher erklärt, dass Kevin einhundert Prozent seines Salärs bekommen würde. Zudem übernahm unsere Versicherung alle Therapien, die ihm halfen, wieder gesund zu werden.»

Obwohl Kevin noch nicht für sein neues Team gespielt hatte, kannte er Leuenberger bereits gut. Dieser hatte nämlich den Vertrag mit ihm und seinem Vater direkt ausgehandelt. «Kevin war ein Powerflügel, er wusste, wie man Tore schiesst. Und er hatte einen gewissen Schalk.» Jeder habe Kevin gemocht, erinnert sich Sven Leuenberger. «Er hätte perfekt in unser Team gepasst, hätte sogar Potenzial gehabt, irgendwann Captain zu werden.»

Doch dann kam der Unfall. Leuenberger erfuhr davon am Flughafen Wien – dank Pushnachrichten aus den Medien. «Ich dachte, das ist doch nicht wahr. Und schon gar nicht, dass es so schlimm sein könnte.» Er versuchte, Kevins Vater zu erreichen, was aber erst zurück in der Schweiz gelang. «Ich war sehr aufgewühlt, konnte kaum fassen, was geschehen war. Es ist ein Wunder, dass er überlebt hat.»

Leuenberger war auch einer der ersten ausserhalb der Familie Lötscher an Kevins Krankenbett. «Als ich ihn sah, hoffte ich einfach, dass er wieder ein normales Leben führen kann.» Erst später war auch die Rückkehr aufs Eis ein Thema. «Als er das erste Mal wieder auf den Schlittschuhen stand, war es ein Schock. Ich wusste, dass der Weg zurück zum Profi-Eishockey ein langer werden würde.»

Leuenberger organisierte Einzeltrainings. Vor und nach diesen Trainings hätten er und Kevin zusammen geredet und neue Ziele definiert. «Wir haben auch darüber gesprochen, welche Therapiemöglichkeiten es noch gibt. Die Versicherung hat das sehr unkompliziert unterstützt.»

Erst hat Kevin mit den Senioren des SCB trainiert, dann mit der U20. Dann wurde er nach Sierre ausgeliehen. Auch der EHC Biel gab ihm noch einmal eine Chance. «Ich habe das alles sehr genau verfolgt. Leider konnte er das geforderte Niveau nicht mehr erreichen.»

Sven Leuenberger glaubt, dass nur sehr starke Persönlichkeiten einen solchen Schicksalsschlag so gut überstehen können. «Kevin war und ist ein Sonnenschein, der Probleme immer positiv angeht. So hat es ihm seine Familie vorgelebt. Er trauert nicht Verpasstem nach, sondern baut sich ein neues Leben auf. Dafür bewundere ich ihn.»

MEIN WEG
ZUM EISHOCKEYPROFI

Meine Karriere als Eishockeyprofi begann dann doch wieder auf der Schulbank. Zumindest teilweise. An der Berufsschule in Burgdorf. Meine Eltern liessen mich keinen Profivertrag unterschreiben ohne eine «richtige» Ausbildung in der Tasche. So bin ich 2003 nach Langnau gezogen, wo ich auf der Geschäftsstelle des Schlittschuhclubs eine KV-Ausbildung anfangen konnte. In Langnau habe ich mich auf Anhieb sehr wohlgefühlt. Es war ein Dorf, keine Grossstadt, sehr familiär, klein und sympathisch. Ich lebte bei zwei Gastfamilien, die mich sehr gut aufgenommen haben.

Es war ein bisschen wie im Wallis. Auch wenn ich das Tal, meine Heimat, für meinen Traum verlassen hatte. Hatte verlassen müssen. Umso lieber komme ich zurück an den Ort, an dem ich mich am wohlsten fühle. Um mich zu sammeln, meine Erinnerungen lebendig werden zu lassen. Wie gerade jetzt, auf meinem Stein an der warmen Sonne.

Mit siebzehn stand ich zum ersten Mal im Einsatz für die Nationalliga-A-Mannschaft der SCL Tigers.

Das war meine erste Autogrammkarte bei den SCL Tigers.

Für Langnau hatte ich mich entschieden, weil die Tigers mir die Möglichkeit der KV-Lehre boten. Das KV war für mich eine sehr gute Grundausbildung, und ich dachte, dass ich eines Tages – nach meiner Hockeykarriere – darauf würde zurückgreifen können. Auch wenn ich in diesem Moment nicht wirklich begeistert davon war, zu lernen, anstatt so oft wie möglich auf dem Eis zu stehen. Trotzdem spielte ich natürlich Hockey – bei den Elitejunioren der Tigers. Wir gehörten zu den besten Junioren des Landes und massen uns schweizweit mit Topteams wie Kloten, Davos, Lugano oder Zug.

Das Niveau des Trainings war von Anfang an anders als zuvor in Sierre. Härter. Ich erinnere mich, wie ich in einem Kraftraum Bankdrücken musste. Die anderen Spieler hatten locker zwanzig Kilos mehr drauf als ich. Ich war unterirdisch.

Auf dem Eis konnte ich mich besser beweisen. Bei einem Spiel gegen Kloten hatte ich vier Treffer erzielt. Danach kam der Trainer der Zürcher zu mir, Mirek Hybler hiess er. Ich höre seine Worte noch heute. Er sagte mit seiner tiefen Stimme und dem rollenden Ostblock-Akzent: «Dieser Lötscher. Keine Beine, aber goldene Hände.» Dass ich auf den Schlittschuhen nicht gerade grazil unterwegs war, dessen war ich mir bewusst. Offenbar hatte ich mir den Laufstil von meinem Vater abgeschaut. Nach einem Spiel in Lugano kam einst ein älterer Mann auf mich zu und fragte mich, ob ich der Sohn von «Martino» Lötscher sei. Als ich ihn fragte, wie er darauf komme, meinte er, kein anderer laufe so Schlittschuh.

Die «goldenen Hände» waren sehr früh meine grosse Stärke und mein Markenzeichen. Und ich habe viel dafür getan. Mit siebzehn oder achtzehn Jahren entwarf ich einen eigenen Stickhandling-Parcours. Ich kaufte mir ein paar Holzkugeln und machte damit Übungen mit den Händen. Stundenlang. Ich liebte es, gute und schnelle Hände zu haben.

Mit siebzehn durfte ich auch acht Spiele mit der Mannschaft der Nationalliga A absolvieren. Das war für mich eine grossartige Erfahrung – ich wollte immer mehr davon haben. Ich habe so viel gelernt von so vielen guten Spielern. Auch bei der U18-WM war ich damals dabei. Diese fand in Ungarn statt, und ich erinnere mich, dass unser Team den Wiederaufstieg von der Division 1 in die Top-Division geschafft hat – wir sind also vom zweiten in den ersten Pool aufgestiegen.

Eine Saison später, das war 2006/2007, habe ich vierzehn Spiele mit den Elite-Junioren absolviert und dabei vierzehn Tore erzielt. Da kam eine Anfrage des EHC Visp, damals in der Nationalliga B, für ein Spiel. Danach gleich die Anfrage für ein zweites Spiel. Und dann fragten sie mich, ob ich für den Rest der Saison bleiben könne. Ich konnte. Und wollte. Also habe ich die Saison in meiner Heimat zu Ende gespielt. Ich fand dort ein grossartiges Team, das mich super aufnahm. Trainer beim EHC Visp war damals Kevin Ryan. Er war der Erste, der mir so viel Vertrauen geschenkt hat. Ich durfte viel Powerplay spielen, konnte Penaltys schiessen. Auch an den Umgang der Spieler untereinander, an das Garderobenleben, erinnere ich mich gerne. Da waren einfach viele gute, bodenständige Jungs, die alles für den Sport – aber auch für den sportlichen Ausgleich – gaben.

Kevin Ryan meinte einmal, ich sei nicht wie viele andere Spieler. Wir machten eine Übung, bei der zwei Stürmer gegen einen Verteidiger spielten. Das war ganz am Anfang meiner Zeit in Visp. Ich absolvierte die Übung mit Terry Yake, einem ehemaligen NHL-Spieler mit über vierhundert Matches auf dem Buckel. Ich hatte den Puck, er stand frei an der Seite. Doch ich spürte, dass ich das Tor selbst schiessen konnte – was ich dann auch tat. Die Scheibe ging rein. Andere junge Spieler hätten den Puck wohl dem erfahrenen Mitspieler zugepasst. Zumindest hinterliess ich so bei Yake bleibenden Eindruck.

Ich kannte Terry Yake vorher nicht, ich habe bis heute kein einziges NHL-Spiel im Fernsehen gesehen. Hockey war für mich etwas, was

KEVIN RYAN, DAMALIGER TRAINER EHC VISP

«Kevin war anders als alle. Sehr besonders für mich», erzählt Kevin Ryan, damals Trainer beim B-Ligisten EHC Visp. Es sei natürlich nicht nur seine Entscheidung gewesen, den jungen Kevin Lötscher zurück in dessen Heimat zu holen. Doch er sei immer sehr dafür gewesen, neuen Spielern eine Chance zu geben, insbesondere solchen aus der Region. «Er war jung und wild. Und sehr charmant. Wenn man als Trainer einen Junior haben kann, der von den älteren Spielern akzeptiert wird, ist das ein Gewinn.» Und das sei bei Kevin der Fall gewesen. «Natürlich konnte er auch Hockey spielen. Er hatte keine Angst vor dem Puck und auch nicht vor Teamkollegen mit vierhundert NHL-Spielen auf dem Buckel.» Kevin sei besessen gewesen davon, Hockey zu spielen. Das sei wichtig gewesen. «Er konnte uns helfen zu gewinnen.» Doch er sei auch ein guter Teamplayer gewesen – ein «Glue Guy», also einer, der das Team zusammengehalten habe. «Neben dem Eis war er ein Clown – doch auf dem Eis sehr erwachsen.»

Bereits als junger Spieler habe Kevin das Spiel sehr gut lesen können. Er habe sehr intelligent gespielt und sehr gute Hände gehabt. Sein Skating sei eher eine Schwäche gewesen, erinnert sich Kevin Ryan. «Doch es war nie wirklich ein Problem.» Besonders gefallen hat dem Trainer an seinem Schützling, dass dieser jederzeit unbeschwert habe aufspielen können. «Er war nie nervös, hat sich nie viele Gedanken gemacht. Er konnte während des Spiels sogar lächeln.»

Ryan glaubt, dass Kevin Lötscher während seiner Zeit in Visp auch klar geworden sei, dass er auf hohem Niveau Erfolg haben könnte. «Kevin war kein Wunderkind. Aber ich hätte niemals gegen ihn gewettet, wenn es um das Thema NHL oder ähnliche Ziele ging. Ich sah keinen Grund, warum er nicht auf höchstem Niveau hätte Erfolg haben sollen.» Er habe sich beweisen müssen – und das habe er getan.

Die Nachricht von Kevins Unfall hat auch seinen ehemaligen Trainer umgehauen. «Ich fühlte mich richtig schlecht.» Das Telefon habe im Sekundentakt geklingelt. «Alle wollten etwas von mir wissen. Ich wusste doch selbst nichts.» Er habe nur gedacht, Junge, komm aus dem Koma. Er habe Kevin dann auch im Spital besucht. «Es war eine Ohnmacht. Schrecklich. So etwas wünscht man niemandem. Schon gar nicht seinem Lieblingsspieler. Es war schwer zu akzeptieren.» Heute ist der jüngere Kevin dem älteren immer willkommen. «Was er jetzt tut, macht ihn glücklich. Das ist das Wichtigste. Ich muss einfach wissen, dass es ihm gut geht. Dann geht es auch mir gut.»

Diese Körperposition war typisch Kevin. So konnte ich den Puck so gut abdecken, dass ihn mir kaum jemand wegnehmen konnte. Hier ein Spiel des HC Sierre gegen den HC Thurgau im November 2008.

ich tun wollte. Ich wollte nicht passiv sein und mich vom TV berieseln lassen. Erst später, nach meinem Rücktritt, sah ich einmal ein Spiel live, in New York. Doch von Yakes Erfahrung und seiner Menschlichkeit konnte ich enorm profitieren.

Oft fanden die Spiele an einem Dienstagabend statt – irgendwo in der Schweiz, in Chur, Thurgau oder Olten. Manchmal kam ich erst mitten in der Nacht nach Hause – und am Mittwoch hätte ich jeweils die Berufsschule in Burgdorf besuchen müssen. Leider war ich dann doch häufig einfach etwas zu «krank» für den Unterricht. Trotzdem bestand ich die Lehrabschlussprüfung. Und nur fünf Tage später unterschrieb ich meinen ersten Profivertrag.

Die Saison beendete der EHC Visp als Vizemeister. Anschliessend habe ich noch die U20-WM in Schweden gespielt. Von da ging es für mich weiter zum Lausanne HC, auch Nationalliga B, wo ich die Saison 2007/2008 absolvierte. Meine erste Saison als Eishockeyprofi. Mit noch nicht einmal zwanzig Jahren. Was für ein Erfolg für mich. Ich zog nicht allein in Richtung Waadt. Mein Trainer Kevin Ryan begleitete mich – und mit uns kamen fünf weitere Spieler aus Visp. Ich erinnere mich an eine grossartige Stadt. In dieser Saison war ich zum ersten

Mal verletzt – ich hatte mir den Meniskus gerissen, was eine Operation bedeutete. Diese verlief reibungslos, und ich war sehr schnell zurück auf dem Eis. Den Meniskus bekam ich im Glas mit nach Hause. Zum Saisonabschluss spielte ich an der U20-WM in Tschechien.

Für die Saison 2008/2009 unterschrieb ich bei Basel in der Nationalliga A. Mein Debüt in der höchsten Liga misslang jedoch: Denn Basel stieg Ende der Saison 2007/2008 in die Nati B ab – und somit wurde mein Vertrag obsolet. Ich stand ohne Team da.

Obwohl ich Angebote von anderen Nationalliga-A-Clubs hatte, entschied ich mich für den B-Club HC Sierre, wiederum eine Rückkehr für mich. Doch ich wollte auf dem Eis stehen, Erfahrungen sammeln, mich weiterentwickeln und nicht in der Nationalliga A auf der Bank sitzen.

Das Sommertraining 2008 durfte ich beim HC Davos absolvieren. Sierre-Trainer Bruno Aegerter war ein guter Freund von Davos-Coach Arno Del Curto. So bin ich für sieben Wochen in die Bündner Berge gezogen. Bruno Aegerter kannte mein Potenzial, und ihm war klar, dass ich nicht die nächsten zehn Jahre in der Nationalliga B bleiben würde. Er wusste, dass ich mehr wollte – und er hat mich voll und ganz unterstützt. Das Training in Davos war pickelhart. Coach war Pierre Gutknecht, und der war ein ziemlicher Schleifer. Ich erinnere mich, wie ich mit einer zwanzig Kilo schweren Gewichtsweste unter ziemlich tief hängenden Stangen durchgehen musste. In die Knie, unten durch, dann wieder strecken. Und wieder in die Knie. X-mal hin und her. Selbst erfahrene Spieler mussten sich schon nach einer Runde übergeben. Das war das erste Mal in meiner Karriere, dass ich richtig, richtig beissen musste. Ich habe trainiert, gegessen, trainiert, gegessen, geschlafen. Sieben Wochen lang. Ich habe an Gewicht und Muskeln zugelegt und viel Fett verloren. Nachmittags gab es jeweils Konditionstraining. Manchmal haben wir Fussball gespielt – oft sind wir aber auch einfach joggen gegangen. Hier erinnere ich mich besonders an die Wieser-Brüder Marc und Dino. Wahnsinn, wie die losgelaufen sind. Mir wurde bewusst, dass ich noch ziemlich viel Luft nach oben hatte. Als ich zurück in Sierre war, war ich in absoluter Topform. Ich hatte noch etwa acht Prozent Fettanteil. Vor Davos waren es sechzehn Prozent gewesen.

Von 2008 bis 2010 habe ich drei Sommertrainings in Kelowna, Kanada, absolviert. Jeden Sommer war ich zwei Wochen lang in einem Powerskating-Lager. Ich wusste, dass ich auf den Schlittschuhen nicht das Mass aller Dinge war und wollte mich da verbessern. Die Trainings waren hart, aber ich konnte extrem viel lernen. Auf dem Eis ist ein Coach hinter uns hergefahren und hat uns korrigiert. Wir übten Sprints mit Fallschirmen, liefen kurze, schnelle Distanzen auf und neben dem Eis. Ich habe auch gelernt, wie ich mit den Armen richtig arbeite. Die Fortschritte habe ich später in den Spielen bemerkt. Wir haben auch viel von Kanada gesehen, besuchten Calgary, Penticton oder Vernon.

Während meiner Zeit beim HC Sierre wohnte ich bei meinem Vater und seiner Partnerin. Es hat sich gut angefühlt, mal wieder ein «richtiges» Zuhause zu haben, meiner Familie nah zu sein. Ich weiss noch, dass wir jeden Abend ein Ovomaltine-Eis gegessen haben. Jeden Abend. Keine Ahnung, wie viele hundert Ovomaltine-Eis wir verbraucht haben. Auch an die Spiele beim HC Sierre erinnere ich mich gerne. Mein Trainer Bruno Aegerter liess mich viel Verantwortung übernehmen – ich war in der Saison bester Schweizer Skorer und bester Torschütze der Mannschaft mit 65 Punkten, davon 35 Tore, in 47 Spielen. Es war eine sensationelle Saison für mich.

Gleich mehrere Angebote von Nationalliga-A-Mannschaften lagen nach dieser Saison auf meinem Tisch. Ich hatte keinen Spieleragenten, mein Vater beriet und begleitete mich. Gemeinsam haben wir uns dann für den EHC Biel entschieden. Wir sind zum Entschluss gekommen, dass der EHC Biel mir die optimalen Voraussetzungen bot, damit ich mich weiterentwickeln konnte. Biel war für mich die beste Chance, an mir zu arbeiten und zu wachsen.

Oben: Lachen gehört dazu. Hier mit Thomas Nüssli beim EHC Biel, Ende Saison bei den Spielen um den Ligaerhalt. Zu diesem Zeitpunkt war ich noch nach Biel ausgeliehen, der Vertrag war aber schon unterschrieben.

Unten: Ein ganz besonderer Jubelmoment für mich. Ich habe zum ersten Mal ein Tor in der Nationalliga A erzielt – für den EHC Biel.

Noch zum Ende der Saison 2008/2009 habe ich beim EHC Biel die Playouts gespielt. Ich konnte mich herantasten, die Spieler kennenlernen. Ich erlebte die legendäre Schlägerei Nüssli gegen Rüfenacht auf dem Eis hautnah mit. Rüfenacht, eigentlich verletzter Lausanner, ging auf den Bieler Topskorer Nüssli los. Die Prügelei endete für Nüssli unter der Dusche. Ich konnte die Welt nicht mehr verstehen, dachte nur, hey, was ist denn mit euch los, als sie anfingen, sich auf den «Grind» zu geben. Trotzdem war es am Ende ein spezielles Erlebnis, weil der EHC Biel die Ligaquali gewann und in der höchsten Liga bleiben konnte. Auch ohne Topskorer Nüssli auf dem Eis.

Die Saison 2009/2010 war dann die erste richtige beim EHC Biel. Ich habe mit Reto Berra, dem Torhüter, zusammen in einer WG gelebt. Er wurde in dieser Zeit zu einem guten Freund und ist es bis heute geblieben. Überhaupt war der Teamgeist beim EHC Biel grossartig. So oft sind nach dem Training alle Spieler zusammen essen gegangen – etwas, das ich bis dahin nicht gekannt hatte. Die Sommertrainings absolvierten wir immer in Magglingen – in einer Halle irgendwo am Ende der Welt. «End der Welt» war sogar der offizielle Name dieser Halle. Sprinttests, Ausdauertraining, Kraftübungen – die Sommertrainings waren nie mein Ding. Natürlich waren sie notwendig für die optimale Vorbereitung. Aber so richtig Spass gemacht haben sie mir nie.

Die Saison verlief für den EHC Biel durchwachsen. Wir landeten in den Playouts. Damals eher Normalzustand, das ist heute anders. Mein persönlicher Höhepunkt kam zum Ende der Saison. Das siebte Spiel in den Playouts, das entscheidende Spiel und die letzte Chance, den Ligaerhalt zu schaffen. Verlieren war absolut verboten.

Wir hatten zuvor in Lausanne die Playout-Serie ausgeglichen, es stand 3:3. Das entscheidende siebte Spiel fand zu Hause in Biel statt. Das Stadion war brechend voll, die Zuschauer waren wie auf Nadeln. Nach 57 Minuten stand es 2:2. Ich war rechter Flügel. Kevin Gloor hatte den Puck und spielte ihn mir zu. Ich versuchte, von der Ecke aus aufs Goal

Im Einsatz an der U20-WM in Liberec, Tschechien. Das Foto zeigt mich kurz nach meinem Treffer gegen Finnland.

zu ziehen. Der erste Schuss ging nicht rein. Doch ich bekam eine zweite Chance – ein Nachschuss, die Scheibe war drin. Ich wusste gar nicht, wie ich reagieren sollte, bin voll durchgedreht. Es war der absolute Wahnsinn. Die Fans sind ausgerastet. Biel verblieb dank meines Treffers in der höchsten Liga. Wir haben bestimmt drei Tage lang gefeiert, die ganze Stadt war aus dem Häuschen. Ich hatte nicht einmal ein Portemonnaie dabei – und hätte es auch nicht gebraucht.

Noch heute muss ich schmunzeln, wenn ich das Video dazu sehe. Dieses Tor war eines der wichtigsten meiner Karriere.

Der EHC Biel war immer wichtig für mich. Im Sommer nach dem Ligaerhalt sind wir für vier Nächte nach Las Vegas geflogen. Fünfzehn oder sechzehn Spieler waren mit dabei. Es war die Zeit meines Lebens, so viele Erinnerungen verbinden mich mit dem Ausflug und mit diesem Team, und noch heute schlägt mein Herz für diesen Club.

Auch in der Saison 2010/2011 stand ich für die Bieler auf dem Eis. Und auch in dieser Saison gelang mir das allerletzte Tor der Playouts, dieses Mal gegen Ambrì-Piotta. Wir waren vier gegen einen, doch ich hatte so ein Selbstvertrauen, dass ich allein durchzog. Und zum Glück auch

Drei Mal war ich für jeweils zwei Wochen im Sommertraining in Kelowna, Kanada. Hier mit Mathieu Tschantré, Jérémy Gailland und Franco Collenberg.

traf. Sonst hätte ich wohl den einen oder anderen dummen Spruch abgekriegt. Der EHC Biel konnte noch sicher eine weitere Saison in der höchsten Spielklasse verbleiben. Doch ich spürte – für mich musste noch etwas kommen. Ich wollte mehr Verantwortung übernehmen, wollte ein Vorbild sein. Wollte Spass haben, aber auch ernste, harte Arbeit verrichten.

Nach dieser Saison hatte ich ein Angebot von eigentlich jedem Nationalliga-A-Club auf dem Tisch. Am Ende waren noch Bern und Lugano im Rennen. Lugano hätte mich gereizt, weil mein Vater bereits dort gespielt hatte. Bern dagegen bot ein cooles Stadion, eine super Infrastruktur, und der Club war das Mass aller Dinge in der Schweiz. Zudem war Bern näher an meiner Heimat, dem Wallis. Daher fiel die Entscheidung relativ leicht. Im Dezember unterschrieb ich einen Vertrag über zwei Jahre. Ich war unglaublich gut drauf und freute mich auf die Zukunft beim SCB.

Ein Traum schien sich zu erfüllen – und über dem allem schwebte noch die immer realer werdende Chance, für die Schweiz, für meine Heimat, zur WM zu fahren.

Wir haben mit dem EHC Biel den Verbleib in der Nationalliga A geschafft. Dabei erzielte ich das entscheidende Tor.

IM ANNA-SEILER-HAUS – DIE ERSTEN SCHRITTE ZURÜCK

Anna-Seiler-Haus Bern, zweiter Stock, Zimmer 210. Georg-Peter Rasini. Diesen Decknamen hatte ich vom Pflegepersonal bekommen.

Kevin Lötscher existierte in diesem Moment nicht mehr. Der Kevin, der ich einmal gewesen war, war wenige Tage zuvor auf einem Kieshaufen in Sierre ausgelöscht worden. Und der magere Kerl, der jetzt hier auf der Matratze am Boden lag, nicht reden, essen oder laufen konnte und sich in die Windel machte, der war für alle Welt nur Herr Rasini.

Wenn ich jetzt, unweit unserer Alphütte, auf meinem Stein sitze und darüber nachdenke, ist das schwierig nachzuvollziehen. Ich war ganz unten. Selbst ich kann im Nachhinein kaum mehr verstehen, wie man sich so hilflos fühlen kann.

Ich hatte ja auch zwei kaputte Knie. Eines davon war stabilisiert mit einer Schiene in den SCB-Farben. Als hätte ich damit aufstehen und losrennen können. Witzigerweise musste mir immer jemand die Schiene abdecken, wenn ich im Rollstuhl an die frische Luft geschoben wurde – sonst wäre Herr Rasini ziemlich rasch aufgeflogen.

Mein erstes Wort, das ich in der Aufwachphase nach dem künstlichen Koma zu meiner Mutter sagte, war «Schnäggi». Sie hatte ich damit auch gemeint. So vieles aus dieser Zeit ist aus meinem Hirn gelöscht – zumindest fast. Ab und zu sehe ich ein Bild, ein Foto, eine einzelne Szene. Die meiste Zeit waren meine Eltern mit ihren Partnern da, auch mein Bruder. Das hat mir unendlich viel bedeutet. Es gab mir ein Gefühl von Normalität und Halt.

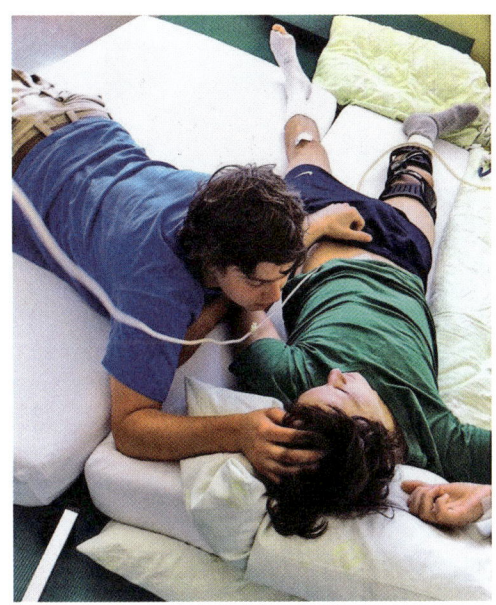

Ganz am Anfang im Anna-Seiler-Haus. Ich hatte nur eine simple Matratze auf dem Boden. Ein hohes Bett wäre zu gefährlich gewesen, ich hätte herunterfallen können. Auf dem Bild ist noch mein Bruder Sven.

Wenn ich hier etwas aus dieser Zeit berichte, wurde es auch mir so erzählt. Ich selbst erinnere mich nicht mehr. Doch offenbar fragte mich ein Arzt am Anfang, ob ich wisse, wo ich sei. Und ich hätte ihm geantwortet: «Im Zoo.» Er erklärte mir dann, dass ich im Anna-Seiler-Haus sei, ein schweres Schädel-Hirn-Trauma habe. Ob ich denn sagen könnte, wer er sei, fragte er mich. Und ich hätte erwidert: «Na, der Affe.» Ich glaube, das hat ihn ziemlich amüsiert, er meinte nämlich, ja, manchmal sei er das schon. Aber eigentlich sei er der Arzt auf meiner Station.

Nach etwa einem Monat habe ich ein richtiges Bett bekommen. Als ich klarer wurde im Kopf, bemerkte ich, dass mir Antidepressiva verabreicht wurden. Die Erkenntnis schockierte mich – ich hatte einen Unfall gehabt, ich war nicht depressiv. Ich warf die Tabletten aus dem Fenster. Später habe ich sie dann im WC runtergespült – das dünkte mich bezüglich Auffindbarkeit doch sinnvoller.

Aus dem Profisportler ist innert weniger Tage und Wochen ein koordinatives Desaster geworden. Ich konnte nicht einmal mehr auf einem Bein stehen. Vor meinem Unfall liebte ich es, zu jonglieren, und ich

Mein erster Ausflug ans Tageslicht, zusammen mit meiner Mutter. Die helle Sonne war ich mir nicht mehr gewohnt.

Meine Eltern mit ihren Partnern sowie mein Bruder Sven. Es war immer jemand bei mir, die Familie hat sich abgewechselt. Eine wahnsinnige Leistung, für die ich so sehr dankbar bin.

war richtig gut darin. Aus Langeweile wollte ich das auch im Anna-Seiler-Haus versuchen. Ich habe die Bälle nach oben geworfen – sie fielen alle der Reihe nach auf den Boden.

Ergotherapie, Physiotherapie, Logopädie und Neurotherapie sollten mir auf die Beine und zurück ins Leben helfen. Es waren ganz einfache Dinge, an die ich mich nicht mehr erinnern konnte. Die meisten davon musste ich einmal machen, dann waren sie wieder präsent.

Wenn man einfach gar nichts mehr kann, ist jede noch so kleine Errungenschaft ein riesiger Fortschritt. Und Fortschritte gab es relativ bald nach dem Aufwachen viele. Ich lernte wieder zu laufen, zu sprechen, meine Hände zu nutzen, um beispielsweise einen Tee zu kochen, mein Körpergefühl kam zurück. Anders, als ich es zuvor gekannt hatte. Vor allem mein rechtes Sehfeld war sehr eingeschränkt, ich habe alles, was rechts von mir passierte, nicht wirklich wahrgenommen. Restneglect heisst dies in der Fachsprache. Ein Phänomen, das vor allem bei Infarkten auftritt. Wollte ich mir zum Beispiel einen Tee einschenken, griff ich nach der Kanne, konnte aber nicht erkennen, dass rechts neben mir Tassen bereitstanden. Auch beim Laufen hatte ich grosse Mühe, ich bin immer wieder nach rechts abgedriftet und gegen eine Wand geknallt.

Mein Vater hat meine Fortschritte akribisch genau notiert. Ich denke, es ist interessant, hier einen kleinen Einblick zu geben. Am 1. Juni konnte ich zum ersten Mal wieder aufs WC gehen. Am 4. Juni habe ich ein paar unleserliche Wörter auf ein Papier gekritzelt. Am 6. Juni konnte ich wieder relativ normale Sätze sprechen und verstehen. Und nach rund einem Monat stand ich das erste Mal auf und ging ein paar wackelige Schritte.

Besonders geholfen hat mir die Anwesenheit meines Freundes Jean-Pierre. «Gringo», hat er mich immer genannt. Heute nennen wir uns gegenseitig so. Eigentlich war er ein Freund meines Bruders. Kurz nach dem Unfall hatte er ihm noch Genesungswünsche für mich geschickt – und nur ein paar Tage später stürzte er beim Arbeiten von einem Gerüst drei Stockwerke in die Tiefe. Schädel-Hirn-Trauma, drei Punkte auf der Glasgow-Koma-Skala. Genau wie ich. Er kam auf die gleiche Abteilung. Anfangs dachte ich, hey, was macht denn der hier? Es war mir gar nicht bewusst, dass es auch ihn so hart getroffen hatte. Er kam etwas später ins Anna-Seiler-Haus als ich – und blieb etwas länger. Er ist bis heute ein guter Freund, wir haben eine gemeinsame Geschichte, die uns für immer verbinden wird. Oft haben wir zusammen Tischtennis gespielt – auch wenn ich gegen ihn keine Chance hatte. Es war einfach schön, jemanden so nah zu haben – neben der Familie.

Jean-Pierre hat mir auch öfters bei den Dates mit meiner späteren Frau Yvi geholfen. Ein Bekannter hatte mir von ihr erzählt. Da sie mir gefallen hatte, habe ich sie zu einem Besuch eingeladen. Wir haben uns sofort super verstanden. Die Eingangstür des Anna-Seiler-Hauses wurde jeweils Punkt 19 Uhr geschlossen – so musste ich Jean-Pierre nicht nur einmal schreiben, er solle sie bitte öffnen. Vor dem grossen Eingangstor des Anna-Seiler-Hauses haben Yvi und ich uns das erste Mal geküsst. Ich erinnere mich aber vor allem an stundenlange Gespräche mit ihr, die Zeit ging immer sehr schnell vorbei. Wir hatten so viele Gemeinsamkeiten. Einmal waren wir zusammen essen in der

Stadt. Dafür durfte ich das Anna-Seiler-Haus für einige Stunden verlassen. Es war für mich eine sehr besondere Zeit mit ihr. Ich lasse sonst nicht so gerne Leute zu nah an mich ran. Das war neu für mich und speziell. Yvi war meine zukünftige Frau, die Mutter meiner Kinder. Ein weiterer Grund, wieder auf die Beine zu kommen, mich ins Leben zurückzukämpfen. Sie hat mir alles bedeutet.

Mit der Zeit kam auch einiges an Fanpost im Anna-Seiler-Haus an. Briefe, Karten mit lieben Worten, Plüschtiere, Zeichnungen, Basteleien. Die Anteilnahme der mir unbekannten Menschen rührte mich sehr. Ich habe die Briefe und Geschenke alle aufbewahrt. Viele Jahre habe ich mich nicht mehr damit befasst. Doch erst neulich habe ich mir alles angesehen – mit einem Lächeln im Gesicht. Es sind einfach grossartige Erinnerungen, die für immer bleiben werden. Ich bin gerührt, wenn ich sehe, wie viele Menschen weltweit durch meinen Unfall aufgerüttelt wurden, wie viele mit mir mitlitten, wie viele mit mir zusammen hofften, dass ich wieder auf die Beine kam.

Über eine Geschichte muss ich heute noch schmunzeln. Ich fuhr damals einen weissen Volvo XC60. Der Partner meiner Mutter kam eines Tages damit zum Anna-Seiler-Haus, und ich dachte nur, wow, was für eine Karre. Die würde ich ihm gerne abkaufen, wenn ich aus dem Krankenhaus raus bin. Er lachte nur und meinte, ich könne ihm den Wagen gerne abkaufen. Und dann, etwas später, erklärte er mir, dass der mir bereits gehöre. Ich kann mich bis heute nicht an dieses Auto erinnern. An ein Auto. Ein Auto hat mich auch überfahren. Ich weiss nicht, ob da ein Zusammenhang besteht.

Das Personal im Anna-Seiler-Haus war grossartig. Ich fühlte mich jederzeit sehr wohl, und die Fortschritte wurden grösser und grösser. Bis die Ärztinnen und Ärzte irgendwann von der Möglichkeit sprachen, wieder Hockey zu spielen. Dieser Moment hat für mich alles geändert. Wollte ich bis dahin einfach nur gesund werden, hatte ich jetzt ein neues Ziel. Ich wollte zurück aufs Eis. Koste es, was es wolle. Ich

Patient: Rasini, Georg-Peter (Zi: 210)
Therapieplan Woche vom: 18.07.2011 bis 24.07.2011

Druckdatum: 14.07.2011

Zeit	Montag 18.07.2011	Dienstag 19.07.2011	Mittwoch 20.07.2011	Donnerstag 21.07.2011	Freitag 22.07.2011
08:00					VISITE
09:00	KONZENTR	CHEFVISIT	LOGO	LOGO	KONZENTR
10:00	NEURO	GEDÄCHTN		GEDÄCHTN	PHYSIO / VELO Physiotherapie 1
11:00	Arm KET / KET	PHYSIO / Arm KET	Arm KET	PHYSIO / Arm KET	NEURO
12:00	Mittagspause	Mittagspause	Mittagspause	Mittagspause	Mittagspause
13:00	VISITE / LOGO	LOGO	KET	KET	KET
14:00	COMPUTER	COMPUTER	PHYSIO	VELO Physiotherapie 2 / COMPUTER	COMPUTER
15:00	ERGO		ERGO	NEURO	Arm KET
16:00	INFOGRUP	Neuro / VELO Physiotherapie 1	VELO Physiotherapie 1	ERGO	ERGO
17:00	VELO Physiotherapie 2				
18:00					
19:00					

Georg-Peter Rasini hatte wirklich viel zu tun,
damit er wieder auf die Beine kam.

Oben: Besuch von den Hockeybrüdern Christian, Simon und Stefan Moser. Simon war an der WM mein Zimmergenosse.

Unten: Es ist unglaublich, wie viele Leute aus der ganzen Welt mit mir mitgelitten und an mich gedacht haben. Ich habe kistenweise Briefe, Geschenke oder Glücksbringer bekommen.

habe heimlich angefangen, zu trainieren, habe täglich einhundert Liegestütze und Rumpfbeugen gemacht. Statt mit dem Physiotherapeuten nur zu spazieren, sind wir zusammen gejoggt. Ich habe auf Bällen balanciert, durfte auch den Kraftraum des Inselspitals nutzen. Ich wollte wieder Hockey spielen. Auf etwas hinarbeiten. Wollte mir nicht eines Tages vorwerfen, es nicht wenigstens probiert zu haben. Akzeptanz und Verarbeitung mussten warten.

Nachdem ich aus dem Anna-Seiler-Haus entlassen worden war, fuhr ich direkt in die Ferien nach Kroatien. Zusammen mit meinem Vater und seiner Partnerin. Auch hier drehte sich alles um den Sport. Und natürlich ums Essen. Ich futterte noch immer wie ein Mähdrescher. Nach dem Frühstück wollte ich schon wissen, wo ich zu Mittag essen kann. Und nach dem Mittagessen machte ich mir Gedanken zum Abendessen.

Wir sind viel gejoggt, immer ein bisschen weiter, haben Tennis gespielt. Meine Güte, ich war grottenschlecht. Aber unendlich glücklich. Ich habe mich so gut erholen können. Nach zwölf Tagen Koma und drei Monaten Rehabilitation hatte ich diese Auszeit einfach gebraucht. Sie gab mir die nötige Kraft, zurückzukehren und die Erfüllung meines alten, neu erwachten Traums in Angriff zu nehmen.

Noch vor meinen Ferien, am 1. September 2011, am Tag meiner Entlassung, lud der SC Bern zu einer Medienkonferenz ins Hauptgebäude des Inselspitals. Im Mittelpunkt: Kevin Lötscher, der zum ersten Mal seit dem Spiel gegen die USA, seit dem Unfall im Mai, wieder an die Öffentlichkeit trat. Es ging darum, Klarheit zu schaffen, zu erzählen, wie es mir ging, wo ich stand und was meine Ziele waren. Es waren zahlreiche Medienvertreter gekommen. Das Interesse an mir und meiner Geschichte war ungebrochen gross. Ich war dreiundzwanzig Jahre alt, war durch die Hölle gegangen. Ich war extrem schüchtern und unsicher, und wenn ich mich auf dem Video sprechen höre, merke ich, dass ich ganz anders klinge als heute.

SVEN LÖTSCHER, BRUDER

«Wir haben den gleichen Humor, können mal den Clown spielen. Wir können aber auch beide in den richtigen Momenten ernst sein», reflektiert Sven Lötscher die Beziehung zu seinem Bruder. «Uns verbinden die Orte, wo wir als Kinder waren, die Alphütte, die Heimat. Und früher natürlich auch das Eishockey.»

Kevin zog bereits als Jugendlicher aus dem Wallis nach Langnau im Kanton Bern. Das trennte die Brüder räumlich, jedoch nicht emotional. «Wir telefonierten häufig, tauschten uns aus.» Doch Kevins Fokus habe sehr auf dem Hockeysport gelegen. Svens Interessen hatten sich geändert. «Mir war wichtig, dass ich wusste, wie es ihm geht, und dass er sich wohlfühlte mit dem, was er tat.» Kevins Umfeld sei sehr vom Eishockey geprägt gewesen. «Das war sehr weit weg von dem, was ich machte. Doch sein Erfolg hat mich wahnsinnig gefreut.»

Sven Lötscher erinnert sich noch gut an den frühen Morgen des 14. Mai 2011. Gegen sechs Uhr habe das Telefon geklingelt. «Ich hatte da noch nicht sehr viel geschlafen. Mein Vater sagte, ich solle aufstehen, unsere Mama abholen und nach Sitten kommen. Kevin habe einen Unfall gehabt.» Er habe das gar nicht glauben können. Erst als er Kevin, im Koma liegend, im Krankenbett gesehen habe, sei ihm die bittere Realität bewusst geworden. Überall Kabel, Schläuche, Monitore – Szenen, die Sven Lötscher nur aus Filmen kannte. «Es ist schwierig zu sagen, was einem in so einem Moment durch den Kopf geht. Für mich war das Wichtigste, dass ich bereit war für den Weg, der kommt. Es kommt viel auf einen zu, und man muss die ganze Energie in das stecken.»

Auch während Kevins Zeit im Anna-Seiler-Haus in Bern war Sven an seiner Seite. «Ich wollte so viel Zeit wie möglich mit ihm verbringen, habe ihn auch zu den Therapien begleitet.» Er habe ein Gespür dafür bekommen wollen, wie es Kevin gehe, welche Fortschritte er mache. «Ich wollte ihm zeigen, dass wir da sind. Motivieren musste man ihn nicht, er hatte einen sehr starken Willen.»

Sven hat auch versucht, Kevin bei gewissen Entscheidungen zu unterstützen oder gemeinsam gewisse Vorfälle zu reflektieren. Oder mit Diskussionen an Kevins Sprache zu arbeiten.

Auch das Leben des Bruders hat sich mit Kevins Unfall verändert. «Das war für mich ein sehr einschneidender Moment. Wie schnell man an einem ganz anderen Punkt im Leben stehen kann.» Man müsse das Bewusstsein dafür aufbringen, dankbar sein. «Das hat mich sehr geprägt. Ich habe auch angefangen, mich zu fragen, was ich im Leben möchte, was ich verändern möchte. Ich habe gesehen, wie viel Kevin in so kurzer Zeit geleistet hat. Das hat mir gezeigt, dass auch ich viel leisten kann.» Egal welcher Weg es sei, man müsse ihn einfach gehen, meint Sven Lötscher.

Heute haben die Brüder ein sehr enges Verhältnis. Geprägt nicht unbedingt vom Eishockey, sondern vom Leben selbst. Sven ist auch der Götti von Kevins älterem Sohn. «Wir wünschen uns beide, wir könnten uns mehr sehen, und arbeiten daran. Das Wichtigste ist aber, dass wir in jedem Moment auf den anderen zählen können.»

Am Tag meiner Entlassung habe ich im Inselspital eine Medienkonferenz gegeben – die auf riesiges Interesse stiess.

Meine Eltern waren da, mein Vater sass neben mir vorne am Tisch, auf der anderen Seite SCB-Sportchef Sven Leuenberger. Die Situation hat mich so überfordert, dass ich fast kein Wort herausgebracht habe. Doch ich war topmotiviert und hatte ein grosses Ziel.

> «Kevin Lötscher will zurück in die National League A», titelten die Zeitungen am Tag darauf. «Der SCB will ihm alle Zeit geben, die er braucht.» Und: «Der lange Weg zurück fängt jetzt erst an.»

Für mich aber war eine Aussage die zentrale, die, die ich der ganzen Welt mitteilen wollte. Mit diesen Worten habe ich die Medienkonferenz auch eröffnet:

> «Ich bin wieder da!»

DER WEG ZUR WM 2011

So sehr mir dieser Stein, auf dem ich sitze, wichtig ist, so sehr mir das Wallis wichtig ist, so wichtig ist mir auch die Schweiz. Ich fühle mich mit meiner Heimat verbunden. Da liegt es nahe, dass ich auch für die Schweizer Eishockey-Nationalmannschaft auf dem Feld stehen, für mein Land WM-Punkte holen wollte. Und mir war bewusst, dass ich diesem Traum nach einer grossartigen Saison beim EHC Biel schon etwas mehr als nur nahegekommen war.

Das erste Aufgebot kam für den Deutschland Cup 2010. Es handelte sich um ein Vierländerturnier, das in München ausgetragen wurde. Es war ein Turnier der A-Nationalmannschaft, allerdings schickte die Schweiz fast nur junge Spieler, die meisten hatten die Jahrgänge 1986 bis 1990. Wir hatten alle keine Länderspielerfahrung. Bei diesem Turnier erzielte ich im Spiel gegen den Gastgeber Deutschland mein erstes Tor im Nati-Dress. An die Klassierung der Schweiz in diesem Turnier erinnere ich mich nicht mehr. Sie ist auch nicht wichtig.

Obwohl ich sehr stolz war, für die Nati zu spielen, habe ich diesbezüglich eher langfristig gedacht. Ich wollte mir über die Zeit einen Stammplatz erarbeiten und nicht alles überstürzen. Deshalb hatte ich auch nicht damit gerechnet, bereits eine WM-Vorbereitung, geschweige denn eine WM, spielen zu dürfen. Doch das Aufgebot zur WM-Vorbereitung kam – und zwar nur wenige Wochen nach der Unterschrift beim SCB. Eine Überraschung für mich. Ich dachte, ich mache das mal mit, es ist sicherlich eine tolle Erfahrung. Ich hatte keinen Druck. Niemals hätte ich zu diesem Zeitpunkt damit gerechnet, tatsächlich nach Košice zu fahren. Ich durfte sämtliche Vorbereitungsspiele absolvieren.

Diese Phase beginnt immer einige Wochen vor der tatsächlichen WM. Viele gute Spieler sind dann noch in ihren Clubs beschäftigt – sie spielen in den Playoffs oder -outs. Daher kommen nach jedem Testspiel wieder neue Spieler dazu, jene, die in der Liga ausgeschieden sind – und andere fallen aus dem Team. Das war auch bei mir damals so. Nur fiel ich irgendwie nie raus. Es kamen immer bekanntere Namen dazu, und ich blieb und blieb und blieb. Wir spielten gegen Dänemark, Russland und Belarus in der Schweiz. Und zwei Testspiele hatten wir in Litvínov gegen Tschechien. Das war verrückt – eine unbekannte Industriestadt, eine uralte, marode Eishalle und ein fürchterliches Hotel mit noch fürchterlicherem Essen. Ich erinnere mich an einen Ausflug ins Steakhouse, um dem Hotelessen zu entgehen. Das war keine gute Idee. Das Essen im Hotel war um ein Vielfaches besser als das, was uns in dem Steakhouse serviert wurde. An solche Episoden erinnere ich mich immer wieder gerne. Sie halten meine Vergangenheit lebendig. Ich erinnere mich an einige Tore, die ich erzielt habe, in Langenthal gegen Belarus oder in Ambrì gegen Dänemark. Ein besonders schöner Treffer gelang mir in Rapperswil gegen Russland. Dort habe ich das 3:4 gemacht. Ein wunderschönes Tor im Powerplay. Alle grossen Namen waren dabei – Seger, Rüthemann, Gardner oder Plüss. Und mittendrin ich.

Nach dem letzten Vorbereitungsspiel bin ich zu meiner Familie ins Wallis gefahren. Es muss so um Ostern 2011 herum gewesen sein. Ich erinnere mich, dass ich zusammen mit meiner Mutter, ihrem Partner, meinem Bruder und meinen Grosseltern im Garten grilliert habe. Natürlich hatte ich ein Hoch – mir war klar, dass ich eine sehr gute WM-Vorbereitung gezeigt hatte. Doch das definitive Aufgebot stand noch nicht fest. Es kribbelte in mir, es waren seltsame Gedanken – ich sah mich im Schweizer Trikot auf dem Eis, und dann sah ich mich wieder enttäuscht nach der Absage.

Dann leuchtete mein Handydisplay auf dem Gartentisch vor mir auf. Ein Anruf. Sean Simpson. Ich sprang auf, schnappte mir das Telefon und lief damit quer durch den Garten. Keinesfalls wollte ich Zeugen haben bei diesem Anruf meines Lebens.

Mein Zimmerkollege Simon Moser und ich sind in Košice angekommen und heiss auf unsere erste WM.

«Kevin. Great Vorbereitung», sagte Nationaltrainer Sean Simpson in seinem deutsch-englischen Singsang. «Ich freue mich, dir mitteilen zu dürfen, dass wir gehen zusammen an die WM.» Es war wirklich eine erstaunlich kurze Sache, doch meine Mutter meinte, ich hätte gestrahlt wie ein Maikäfer. Ich hatte es nicht erwartet, hatte nichts zu verlieren. Und doch hatte ich darauf gehofft. Was denn sonst? Nach dieser Vorbereitung. Dieser Anruf ist mir richtig eingefahren. Boah, ich fahre zur WM, dachte ich. Mit der Schweizer A-Nationalmannschaft. Ich konnte es gar nicht glauben. Es war total surreal. Ich rief sofort meinen Kumpel Simon Moser an, ob er auch dabei sei. Dann war ich erst einmal sprachlos. Einfach sprachlos.

In mir breitete sich eine unglaubliche Vorfreude auf diesen Event aus. Mein ganzes Leben hatte ich davon geträumt – nun wurde der Traum wahr. Ich durfte für mein Land eine WM spielen. Eine WM. Ich war wie im Flow, topmotiviert und wollte mein bestes Eishockey zeigen, mein Land und meine Familie stolz machen.

Eine WM habe ich bekommen, in der ich mein Bestes habe zeigen können. Die erste und die letzte. Ich glaube, ich habe alle stolz gemacht in

Mein erstes Tor für die Schweizer Nationalmannschaft im Deutschland Cup 2010 in München gegen Gastgeber Deutschland.

Voller Körpereinsatz beim Vorbereitungsspiel
auf die WM 2011 gegen Dänemark in Bellinzona.

dieser einen kurzen WM – ein bisschen auch mich selbst. Wer weiss, wie viele Weltmeisterschaften es ohne den Unfall noch gegeben hätte? Ich habe nie darüber nachgedacht. Auch nicht darüber, ob ich froh sein durfte, wenigstens eine WM in meinem Leben gespielt zu haben. Denn danach war es vorbei. Für immer.

Ohne diese WM wäre ich an diesem schicksalhaften 14. Mai 2011 wohl nicht im Wallis gewesen, sondern irgendwo an einem schönen Strand. Die Frage nach dem «Was wäre, wenn?» habe ich mir nie gestellt. Es war für mich nie relevant. Ich bin da, wo ich jetzt bin – es ist eine wundervolle Erinnerung, ein sehr wichtiger Abschnitt aus meinem früheren Leben. Aber ich bin durch und durch Realist. Alles, was passiert ist, ist so passiert, und ich habe es akzeptiert. Und alles andere spielt für mich keine Rolle.

MATHIAS SEGER, DAMALIGER CAPTAIN SCHWEIZER EISHOCKEY-NATIONALMANNSCHAFT

«Kevin Lötscher war gross, geschmeidig und hatte hervorragende Hände. Dazu kam eine unbändige Spielfreude. Sein Spiel war immer wieder überraschend», sagt der ehemalige Captain der Schweizer Eishockey-Nationalmannschaft, Mathias Seger. Er war nicht nur Teamkollege in der Nati, sondern in der Liga oftmals auch Gegner. Man spürt sofort die Verbindung und den Respekt der ehemaligen Hockey-Cracks. «Er probierte neue Sachen aus, auch in Momenten, wo andere nervös geworden wären. Er stand am Beginn einer neuen Generation im Eishockey.» Es werde heute im Eishockey generell viel mehr probiert, kreiert, Dinge, die er, Seger, noch nicht gewagt habe. Seger und Lötscher haben sich erst in der Vorbereitung auf die WM 2011 näher kennengelernt. Was der Ältere am Jüngeren sofort zu schätzen wusste: «Kevin hat sich fürs Teamleben interessiert, er hat sich integriert. Als Captain liebt man solche Spieler, die Leben mitbringen. Man musste Kevin nicht fragen, ob er noch mit zum Essen kommt. Er sprang sofort auf und rannte voraus.»

Kevin habe verantwortungsvolle Aufgaben erhalten bei seiner ersten WM, erinnert sich Seger. Er habe Powerplay gespielt, habe während der ganzen WM oft gute Torchancen gehabt. Aber nie sei der Puck im Tor gelandet. Die zwei Tore gegen die USA seien daher für den jungen Spieler eine Befreiung gewesen, glaubt Seger. Da die Mannschaft die Viertelfinals verpasst habe, sei sie in den Schweizer Medien hart kritisiert worden – doch der junge Kevin Lötscher sei in der Heimat positiv aufgefallen. Obwohl das Viertelfinale keine Option mehr gewesen sei,

sei es für die Mannschaft wichtig gewesen, das Spiel gegen die USA noch zu gewinnen. «Die Kritik wäre sonst noch heftiger gewesen», lacht Seger heute darüber. «Wir haben gekämpft, gut gespielt, doch die Resultate waren nicht da.»

Die ganze WM und speziell die Tore gegen die USA hätten Kevin bestimmt geholfen, glaubt Mathias Seger. Nur schon der Vertrag mit Bern, der damals dominierenden Schweizer Mannschaft, sei ein Zeichen gewesen, dass es für Kevin nach ganz oben ging. «Die WM hätte sicherlich noch grössere Türen – etwa in die NHL – geöffnet.» Seger glaubt, dass Kevin nicht nur in der Liga, sondern auch in der Nationalmannschaft über viele Jahre eine dominante Rolle gespielt hätte.

Der Unfall kam dazwischen. Ein Schock – auch für den Nati-Captain. «Wir haben uns nach dem Turnier verabschiedet mit dem Gedanken, wir sehen uns in der nächsten Saison wieder.» Seger weiss nicht mehr genau, wo er war, als er davon erfahren hat. Er weiss aber noch, wie er sich gefühlt hat. «Wir haben angefangen, untereinander zu telefonieren, haben überlegt, was wir machen können, wie wir helfen können. Wir hatten keine Ahnung, wie das ausgeht. Es war schockierend.»

Seger hat Kevins Weg zurück genau mitverfolgt. Er habe erkannt, wie viel Energie Kevin da reingesteckt habe – aber auch, dass es trotz allem nicht reichte. «Er hat so hart gearbeitet. Es machte mich traurig, zu sehen, dass er nicht mehr auf das Niveau von vor dem Unfall kam. Das hat mir weh getan. Doch jeder von uns hätte es genauso versucht.» Heute bewundert er an seinem ehemaligen Nati-Kollegen, dass er sich zurück ins Leben gekämpft hat, glücklich ist. «Es ist bemerkenswert, dass er offen darüber spricht, wie wichtig es ist, sich auch professionelle Hilfe zu holen.» Kevin sei immer positiv gewesen. Auch nach einer Niederlage habe er vorwärtsgeschaut. Ihn leiden zu sehen, sei schwierig gewesen. «Umso schöner ist es, dass er jetzt wieder da ist und etwas tut, was ihn glücklich macht.»

WIE ICH DER UNFALLFAHRERIN VERZIEHEN HABE

Die Frau, die mit dem riesigen BMW ihres Vaters an diesem 14. Mai 2011 in mich hineingekracht ist, hat keinen besonders hohen Stellenwert in meinem Leben. Sie ist mir aber nicht egal. Wir hören uns ab und zu. Es geht ihr gut. Das ist mir wichtig.

Wenn ich in diesem Buch meine Geschichte erzählen, aufarbeiten will, muss ich zwangsläufig auch an die junge Frau denken. Es ist eine Reise in die Vergangenheit, die mir nicht nur leichtfällt – auch jetzt nicht, hier, an meinem Happy Place.

Meine Kumpels und ich haben die junge Frau an diesem Abend zufällig getroffen, sie kannte einige aus unserer Gruppe, auch mich, flüchtig und wollte mit uns um die Häuser ziehen. Ich weiss nicht, was sie dazu gebracht hat, mit uns noch weiter durch die Nacht zu tingeln oder letztlich diesen BMW zu holen. Und ich möchte auch nicht spekulieren. Womöglich weiss sie es sogar selbst nicht mehr.

Sie hat auch keinerlei Erinnerungen an den Unfall selbst. Das hat sie mir mal erzählt. Sie hatte damals fast 1,6 Promille im Blut. Die Strafe dafür erhielt sie im Herbst 2013. Zehn Monate Gefängnis bedingt mit einer Bewährungsfrist von zwei Jahren. Ein Bussgeld gab es nicht. Sie wurde schuldig gesprochen der fahrlässigen schweren Körperverletzung, der schweren Verletzung von Verkehrsregeln und wegen Fahrens in angetrunkenem Zustand. Meine Anwälte und ich hatten das Urteil akzeptiert. Es hätte mir nichts gebracht, dieses weiter- und weiterzuziehen – für mich hätte es nichts geändert, und sie hätte es noch länger ausgebremst.

PETER KAUFMANN, ANWALT DER FAMILIE LÖTSCHER

Kevin Lötscher und seine Familie suchten den Berner Fachanwalt für Haftpflicht- und Versicherungsrecht, Peter Kaufmann, einige Monate nach dem Unfall zum ersten Mal auf. Es ging darum, Kevins Zukunft finanziell abzusichern. Zu diesem Zeitpunkt war offen, ob Kevin weiterhin auf professionellem Niveau Eishockey würde spielen können. Für den Anwalt galt es, Leistungen aus der Haftpflichtversicherung der Unfallfahrerin sowie sozialversicherungsrechtliche Leistungen und Leistungen aus privaten Versicherungsverträgen geltend zu machen.

Nachdem Unfallfahrerin C. L. rechtskräftig schuldig gesprochen worden war, bestätigte deren Haftpflichtversicherung auch die Haftung. «Kevin hatte den Unfall unverschuldet erlitten», erklärt Peter Kaufmann. «Daher hatte er Anspruch darauf, dass er in finanzieller Hinsicht schadlos gehalten wird. Dass also jeglicher Schaden, insbesondere der Erwerbsausfall, zu ersetzen war.» Ebenso habe Kevin Anspruch auf ein Schmerzensgeld gehabt.

Zunächst richtete die involvierte Unfallversicherung ihr Augenmerk darauf, Kevin wieder einzugliedern. Es ging darum, dass er seine Tätigkeit als Profi-Eishockeyspieler wieder aufnehmen konnte. Nachdem dies misslungen war, ging es darum, zu klären, wie lange Kevin ohne den Unfall professionell hätte Eishockey spielen können – und wie viel er dabei verdient hätte. «Hierfür wurde ein privates Gutachten eingeholt», erklärt der Anwalt. Dieses kam zum Schluss, dass Kevin bis zu seinem achtunddreissigsten Lebensjahr Eishockeyprofi hätte sein können.

Nach dem achtunddreissigsten Geburtstag werden die Sozialversicherungsleistungen voraussichtlich reduziert – denn hier wird angenommen, dass Kevin auch ohne Unfall einer Arbeit hätte nachgehen müssen, bei der er weniger verdient hätte. Für Spätfolgen oder gesundheitliche Rückfälle muss die obligatorische Unfallversicherung lebenslänglich aufkommen.

Anfangs habe Kevin alles darangesetzt, wieder Eishockey spielen zu können, erinnert sich Peter Kaufmann. Mit den versicherungsrechtlichen Belangen habe er sich kaum auseinandergesetzt. «Später konnte Kevin den Unfall besser akzeptieren und hat sich auch vermehrt um die Versicherungen und um seine berufliche Neuorientierung gekümmert.» Es sei immer bewundernswert, zu sehen, wie eine schwer verletzte Person ihr Leben neu organisiert und letztlich zu einer neuen, aber anderen Lebensqualität gelange, so Kaufmann. «Das ist auch bei Kevin der Fall.»

Es war auch ohne dieses Urteil nicht leicht für sie. In Sierre haben die Leute mit dem Finger auf sie gezeigt, allen war klar, dass sie den Lötscher überfahren hatte. Am Anfang, als ich im Spital war, hatte ich einen Brief von ihr erhalten. Sie hatte ihn meinem Vater mitgegeben, der auch ihren Vater kannte. Ich wollte den Brief nicht und bat meinen Vater, ihn wieder mit ins Wallis zu nehmen. Erst Monate später schaffte ich es, ihn zu lesen, brauchte erst die nötige Distanz. Ich musste bereit dazu sein. Sie hatte ihn von Hand geschrieben, drei Seiten lang. Es waren schöne, ehrliche Worte, die mir noch heute unter die Haut gehen. Sie schrieb, wie leid es ihr tue. Dass sie hoffe, ich möge ihr eines Tages vergeben. Doch sie verstehe es auch, wenn ich das nicht könne. Ich habe den Brief noch und lese ihn hin und wieder.

Die Gedanken an den Unfall und die Frau waren anfangs ständig in meinem Kopf. Doch ich durfte sie nicht allzu nahe an mich heranlassen. Meine oberste Priorität war, wieder professionell Eishockey zu spielen, und dieser habe ich alles untergeordnet.

Im Sommertraining 2013 mit dem EHC Biel habe ich irgendwann festgestellt, dass ich sehr schwierige Momente erlebte. Alles war negativ, alles hat mich genervt, jede Situation fühlte sich beschissen an. Ich wollte nur noch allein sein. Zu diesem Zeitpunkt wurde ich bereits professionell begleitet, hatte eine Therapeutin. Jedoch noch nicht regelmässig. Ich hatte auch viele Gespräche mit meiner damaligen Freundin Yvi. Sie hat mich dazu gedrängt, die Unfallfahrerin zu treffen. Doch ich wollte nichts davon wissen. Ich hörte ihr nicht zu – wie so oft in dieser Zeit.

Eines Tages meinte meine Therapeutin, ich solle die Fahrerin endlich treffen und diese Last loswerden. Sie glaubte, die Blockade hätte viel damit zu tun. Ich müsse ihr vergeben. Und zwar persönlich. Nachträglich betrachtet, hatte ich mit meiner anfänglichen Abwehrhaltung viel Zeit und unnötige Energie verschwendet. Diese hätte ich besser in andere Baustellen investiert. Egal. Ich lud die Frau zu mir nach Hause ein.

Ich erinnere mich noch daran, wie es an der Tür geläutet hat. Das Klingeln höre ich bis heute. Als wäre ich nicht schon vorher nervös gewesen – der schrille Ton vermittelte klar und deutlich, jetzt gibt es kein Zurück. Ich begrüsste die junge Frau mit drei Küsschen. Das war halt so üblich. Und ich war ganz bestimmt überfordert. Wusste nicht so richtig, was ich ihr sagen wollte, was mir dieses Treffen bedeuten würde.

Wir führten etwas Small Talk – verkrampft und bemüht. Letztlich sagte ich ihr einfach, dass ich ihr vergebe. Wir sind doch alle Menschen. Menschen machen Fehler. Sie hat einen Fehler gemacht. Einen, der mich schwer getroffen hat. Trotzdem sollte sie ein glückliches Leben verbringen können. Wir haben nur ein Leben. Ich wollte, dass wir beide unser Leben in die Hand nehmen und vorwärts gehen. Denn was passiert ist, können wir beide nicht rückgängig machen. Sie blickte mich mit grossen Augen an. Natürlich war sie überrascht. Ich war es ja auch.

Schon wenige Tage später fühlte ich mich zwanzig Kilos leichter. Es hat mir neuen Drive gegeben. Die nötige Konzentration war zurück, der Fokus auf mein Leben, meine Ziele. Im Nachhinein ging es mir weniger darum, dass sie Vergebung verdient hatte. Vielmehr ging es um mich selbst, dass ich meinen inneren Frieden finden konnte.

Heute habe ich zu ihr eine gute Beziehung. Wir hören uns vielleicht so zwei- oder dreimal im Jahr – manchmal habe ich das Bedürfnis, ihr etwas Positives zu senden. Weil ich ihr damit zeigen möchte, dass noch immer alles entspannt ist aus meiner Sicht. Ich bin stolz darauf, dass wir das geschafft haben. Ich freue mich für sie, dass auch sie heute ein glückliches Leben lebt und sich nicht von diesem Unfall hat herunterziehen lassen. Es mag schwer zu verstehen sein, dass ich so denke. Und trotzdem ist es – davon bin ich überzeugt – einfacher, einen Schicksalsschlag zu verarbeiten, als wenn man festhängt und der anderen Person zu viel Raum gibt. Noch dazu auf eine negative Art und Weise. Deshalb bin ich auch glücklich und dankbar, dass sie erstmals seit dem Unfall den Mut gefunden hat, die Geschichte aus ihrer Perspektive zu erzählen.

C. L., UNFALLFAHRERIN

«Ich sehe mich noch, wie ich das Auto lenke. Meine Passagiere wollen aussteigen. Ich fahre um den Kreisel herum, schaue, wo sie sind, und will dann nach Hause fahren. Doch in diesem Augenblick beginnt der Albtraum», erzählt C. L., die junge Frau, die am 14. Mai 2011 mit dem BMW ihres Vaters mit voller Wucht in Kevin prallte. «Ich war weggetreten, und als ich wieder zu mir kam, stand das Auto still, der Airbag war geöffnet.»

Zum ersten Mal erzählt C. L. öffentlich ihre Version der Geschichte. Die damals Neunzehnjährige hat in dieser Nacht ihre Unbeschwertheit, ihre Jugend verloren. Durch ihre eigene Schuld.

Sie sei zu Kevin hingerannt, habe mit ihm gesprochen, ihm gesagt, er soll keine Witze machen. Doch schnell sei klar gewesen – ein Witz war das alles nicht. «Die Wartezeit, bis der Notarzt da war, kam mir endlos vor.»

Auch C. L. wurde ins Krankenhaus gebracht. «Alle meine persönlichen Sachen wurden mir weggenommen. Ich durfte nicht einmal meine Eltern anrufen.» Eine Polizistin habe sie dann nach der Nummer gefragt, damit sie C. L.s Eltern kontaktieren konnte. «Ich war voller Dreck. Meine Mutter hat mich gewaschen. Um mich hat sich niemand gekümmert.»

Die ersten Tage nach dem Unfall seien hart gewesen. «Der Unfall war auf allen Titelseiten. Überall wurden Geschichten erzählt. Die Leute haben über mich geurteilt, ohne die Details zu kennen. Ich war in meinem Zimmer, weinte, dachte nach, weinte. Es war eine emotionale Achterbahnfahrt.» C. L.s Eltern schickten sie bereits am Montag wieder in den Englischunterricht. Ihr Vater habe ihr gesagt, sie solle rausgehen, sich der Realität stellen. Sie müsse die Verantwortung übernehmen. Doch ihr Vater habe auch gesagt, Kevin werde es schaffen. Sie solle sich keine Sorgen machen. «Ich klammerte mich an diese Worte, um weiterzumachen.»

C. L. beschreibt eine breite Gefühlspalette. Geschockt sei sie gewesen, ungläubig, dass das alles wirklich passiert sei. Sie habe Schüttelfrost gehabt oder übermässig geschwitzt. «Mein Verstand war nicht in der Lage, die Informationen richtig zu verarbeiten.» Zudem habe sie Angst gehabt. Angst davor, aus dem Haus zu gehen, sich den Blicken der Leute auszusetzen. Aber die grösste Angst sei gewesen, dass Kevin sterben könnte.

Wut habe sie gespürt. Wut auf sich selbst. Sie habe sich hilflos gefühlt in Bezug auf Kevins Zukunft. Und natürlich habe sie Schuldgefühle empfunden: «In dieser Situation ist es doch offensichtlich, dass man sich schuldig fühlt.» Doch in C. L. schlummerte auch Hoffnung. Dass Kevin wieder gesund werden würde. «Kevins Vater war mir eine grosse Stütze. Ich habe oft Nachrichten von ihm erhalten, wie es Kevin geht. Ich habe grossen Respekt vor ihm. Er hat mir gesagt, ich solle aufstehen, weitergehen, ohne an die Blicke der anderen zu denken. Die einzige Person, der ich Rechenschaft ablegen müsse, sei Kevin.»

Ihre Familie habe sie immer unterstützt, erzählt C. L. Sie habe sie nie verurteilt. Und das sei auch ein grosses Glück gewesen. Freunde dagegen habe sie viele verloren. Doch so habe sie auch erkannt, wer ihre wahren Freunde seien, wer auch in schlechten Zeiten für sie da sei.

Die Gedanken seien ständig bei Kevin gewesen. «Sein Gesundheitszustand war meine Obsession», erinnert sie sich. «Ich hatte das Gefühl, Kevins Leben zerstört zu haben. Damit umzugehen, war sehr schwer.»

Eines Tages kam die erlösende Nachricht. Kevin wird überleben. «Daran werde ich mich mein ganzes Leben lang erinnern.» Später sagte ihr Kevin: «Auch wenn ich es nicht vergessen kann, ich vergebe dir.» Diese Vergebung habe ihr geholfen, ihr Selbstvertrauen wieder aufzubauen. Es sei das Schönste gewesen, was Kevin ihr habe geben können. An dieses erste Treffen erinnert sich C. L., als wäre es gestern gewesen. «Als ich vor seiner Tür stand, er sie öffnete, war ich überwältigt. Denn es war, als wäre das alles gar nicht passiert. Dieser Moment war unbeschreiblich.»

Die Wunden würden nie ganz verheilen, ist C. L. überzeugt. Sie würden nur verdeckt, um es den Menschen zu ermöglichen weiterzumachen. Deshalb sei es wichtig, die positiven Dinge des Alltags anzunehmen und sich daran zu erfreuen. Sie selbst habe sich nie verziehen. Doch der Unfall habe sie geformt. «Der Unfall hat aus mir die Person gemacht, die ich heute bin.» Dass sie positiv in die Zukunft blicken könne, sei vor allem Kevin und seinem Umfeld zu verdanken. «Das sind wirkliche Vorbilder und aussergewöhnliche Menschen.»

C. L. verliess nach dem Unfall das Wallis, ging ins Ausland, um zu studieren, zu reisen und zu arbeiten. «So konnte ich mich in einer neutralen Umgebung entwickeln. Ohne die ständige Angst, verurteilt zu werden. Im Wallis gibt es noch heute Kommentare, wenn Menschen mich mit dem Unfall in Verbindung bringen.» Heute habe sie ihr inneres Gleichgewicht gefunden, erzählt C. L. Doch wenn etwas über den Unfall in der Zeitung stehe, komme alles wieder hoch. «Und natürlich ist der 14. Mai ein wichtiges Datum für mich.»

Der Kontakt mit Kevin gebe C. L. viel Kraft. Auch die Chance, ihre Sicht in Kevins Buch darzustellen, sei ihr wichtig. Es sei ein Signal, dass sie nicht nur Teil seiner Verletzungen sei, sondern auch Teil seines Weges zurück ins Leben, seiner Heilung. «Ich kann zeigen, dass unser Kontakt immer noch besteht.» Sie freue sich immer, von Kevin zu hören. «Wenn ich in den sozialen Medien sehe, was er erreicht hat, bin ich tief beeindruckt. Ich bin stolz auf uns, dass wir das geschafft haben. Zusammen.»

THERAPIEN – SO SCHAFFTE ICH DAS COMEBACK

Um wieder gesund zu werden, wieder aufs Eis zurückzukehren, stand es mir frei, alle Therapiemöglichkeiten, die mir zur Verfügung standen, zu nutzen. Und ich nutzte sie alle.

Ich klammerte mich an jeden Strohhalm.

So viele Menschen wollten mir helfen, gaben mir Tipps, was ich noch versuchen könnte. Und ich wollte so sehr zurück aufs Eis, zurück in mein altes Leben, dass es für mich eine andere Option gar nicht gab. Wenn ich heute, an meinem Happy Place, darüber nachdenke, muss ich schmunzeln. Was ich alles versucht habe. Bis dahin hatte ich nicht einmal gewusst, dass es so viele Möglichkeiten überhaupt gibt.

Aber von vorne: Mein Weg zurück zum Spitzeneishockey begann relativ harmlos. In der Nähe des Hirschengrabens in Bern, mit täglicher Physiotherapie. Zwanzig Minuten. Mehr schaffte ich nicht. Schon nach fünfzehn Minuten war ich dermassen k. o., dass ich fast eingeschlafen bin. Ich musste mich an die körperliche Belastung erst wieder gewöhnen. Mein Therapeut war Jan Smulders, ein Niederländer, und ein absoluter Glücksgriff für mich. Jan war immer gut drauf, sehr kreativ, und das hat mir das tägliche Training sehr einfach gemacht. Auch wenn ich längst nicht immer gut drauf war und keine Lust auf die Tortur hatte. Manchmal stellte ich das ganze Unterfangen infrage. An solchen Tagen haben wir das Training auch mal abgebrochen, sind spazieren gegangen und haben über Gott und die Welt geredet.

Jan war nicht nur fachlich, sondern vor allem auch menschlich wirklich grossartig, und auch rückblickend betrachtet hätte ich mir für mein grosses Ziel keinen anderen an meiner Seite gewünscht.

JAN SMULDERS, PHYSIOTHERAPEUT NACH DEM UNFALL

Jan Smulders arbeitete damals in der Physiotherapiepraxis, die die Spieler des SC Bern betreute. So erhielt er Kevin als Patienten. Erfahrung mit Eishockeyspielern hatte Smulders – Erfahrung mit Schädel-Hirn-Traumata ebenso, wenn auch deutlich weniger. Kevin war körperlich an sich gesund. Seine Probleme waren neurologischer Natur. «Er war sehr schnell müde, hatte Muskelschwund, wenig Ausdauer», erzählt Jan Smulders. Und trotzdem habe man den Spitzensportler in ihm erkannt. «Er war kräftiger als manch anderer Patient und hat auch viel schneller Fortschritte gemacht.»

Smulders hatte aus Zeitungen und aus dem Fernsehen von Kevins Unfall erfahren und die Geschichte am Rande mitverfolgt. «Manchmal habe ich mir Gedanken gemacht, wie es ihm wohl geht, ob er noch für den SCB würde spielen können. Es war mir aber nicht klar, dass das schon kurze Zeit später etwas mit mir zu tun haben würde.»

Dass Kevin wieder professionell Eishockey spielen wollte, habe Smulders von Anfang an bemerkt. Kevin sei auch realistisch gewesen: Er wollte es, und er wollte alles dafür geben – doch es sei ihm auch klar gewesen, dass es womöglich ein sehr langer Weg werden würde. «Die Physiotherapie hat nicht das Ziel, einen Patienten zurück zu seiner Arbeit zu bringen – sondern die Situation maximal zu verbessern.» Er habe in Etappen gearbeitet. Erst habe Kevin konditionell und kräftemässig wieder auf Vordermann gebracht werden müssen. Dann habe er mit ihm an Koordination und Stabilität gearbeitet. Dies sei besonders herausfordernd gewesen, erinnert sich Smulders. Er habe den Fokus daraufgelegt, Kevin mehrere Aufgaben gleichzeitig erledigen zu lassen. Auf dem Laufband in alle Richtungen zu laufen, auf einer wackeligen Unterlage das Gleichgewicht zu halten – und gleichzeitig beispielsweise Fragen zu beantworten oder Aufgaben auf Karten zu erkennen. Das Hirn zu trainieren, schnell zu reagieren. «Kevin haben die Aufgaben auf dem Laufband am meisten geprägt», meint Smulders lachend. «Mich eher die Aufgabe, mir jede Woche etwas Neues auszudenken.»

Die Fortschritte seien immer da gewesen. Später sei Kevin wieder aufs Eis gegangen, habe dort trainiert. «Wir hatten auch Sitzungen mit dem SC Bern. Irgendwann zeichnete sich ab, dass es für die höchste Liga nicht mehr reichen wird.» Kevin wurde an Sierre ausgeliehen – da ging auch die Zeit mit Jan Smulders langsam zu Ende.

Der Therapeut erinnert sich gerne an seinen Patienten: «Kevin war ein besonders netter Mensch. Er hat unglaublich hart gearbeitet. Mit einem unglaublich hohen Ziel.» Seine Einstellung sei fast immer sehr positiv gewesen. Noch heute habe er ab und zu Kontakt mit Kevin, besuche mit ihm etwa ein Fussballspiel. «Ich hatte nie wieder einen Patienten wie ihn. Ich bin sehr beeindruckt davon, wie positiv er heute im Leben steht.»

Das von Kevin gesteckte Ziel wurde nicht erreicht. Das bleibt, weiss auch der Therapeut. Trotzdem: «Das ändert nichts an der Leistung, die Kevin gebracht hat. Diese war phänomenal.»

Wir haben sehr einfach angefangen, mit Stretching, einfachen Übungen, die wir immer mehr gesteigert haben. Jan führte wöchentliche Tests ein, er wollte herausfinden, ob ich Fortschritte mache. Denn sonst hätte alles wohl keinen Sinn gemacht. Die Fortschritte waren aber immer da, ich wurde in allen Bereichen immer besser. Es gab Einbeinsprünge, Sprints, ich musste jonglieren oder Linienläufe absolvieren. Teils hatte ich koordinative Probleme – links ging es besser als rechts. Ein Problem, das ich nicht erst in der Physiotherapie erkannt hatte. Irgendwann haben wir angefangen, Übungen auf dem Laufband zu machen. Jan hatte ein Jasskartenset. Insgesamt gab es sechs Karten – jede Karte hatte eine andere Funktion. Bei einer Karte musste ich mich zum Beispiel während des Laufens einmal um meine eigene Achse drehen. Bei einer Karte musste ich rückwärtslaufen. Oder bei einer weiteren in die Knie gehen und wieder aufstehen. Erst geschah alles sehr langsam, dann wurde ich immer schneller. Dazwischen hat Jan mir ein paar niederländische Wörter beigebracht. Auch die Therapiezeiten verlängerten sich auf dreissig, sechzig und dann sogar neunzig Minuten.

Ich wollte mich nicht allein auf die Physiotherapie verlassen. Und wie bereits erwähnt – die Möglichkeiten waren da und gingen auch gefühlt nie aus. Ich habe oft mit meinen Eltern diskutiert, was davon mich im Hockey weiterbringen könnte.

In Freiburg war ich bei einer älteren Frau aus Tibet bei einer Fussreflexzonenmassage. Sie hat nur meine Füsse berührt und sofort gesagt, dass ich Probleme mit dem Kopf und der rechten Körperseite hätte. Das hat mich ziemlich beeindruckt. In Zürich war ich in einer Therapie, die sich «Vis Influere» nennt. In dieser Hochfrequenztherapie wird Strom durch den Körper geleitet. Das Ziel dabei ist, die Synapsen im Hirn wieder zu verbinden, die Selbstheilung der Zellen anzuregen. Über die Weihnachtstage gönnte ich mir nicht nur ein paar Tage Therapiepause – sondern auch zwei, drei Joints. Zu meinem Erstaunen waren die Resultate danach sogar besser als vor der Pause. Der Thera-

Mit Physiotherapeut Jan übe ich, mehrere Dinge gleichzeitig zu erledigen. Eine riesige Herausforderung für mich.

peut hat meine Eigentherapie mit Marihuana nicht mal verteufelt – es sei mal ein «Medikament», das helfe und nur Nebenwirkungen mit sich bringe, die Spass machten. Natürlich war das eher scherzhaft gemeint. Niemand will hier Drogen verherrlichen.

In Stansstad fand ich einen Therapeuten, bei dem ich Übungen auf einem Stein ausführen musste. Den habe ich noch heute. Also den Stein. Manchmal mache ich noch Übungen damit, wenn auch andere als damals. Dann war ich in Colmar bei einem Alchemisten, der hat mir Akupunkturnadeln ins Gesicht gesteckt. Mein ganzes Gesicht war voller

Nadeln. Irgendwo in der Deutschschweiz, ich weiss gar nicht mehr, wo, habe ich mir den Atlas richten lassen. Auf dem Eis trug ich einen speziellen Mundschutz, damit mein Mund in einem bestimmten Winkel fixiert wurde. Dies sollte die Kraft in meinem Körper optimieren.

Im Sommer 2012 traf ich mich mit dem Skirennfahrer Daniel Albrecht, der 2009 bei einer Trainingsabfahrt gestürzt war und ebenfalls ein schweres Schädel-Hirn-Trauma erlitten hatte. Für mich eine sehr wichtige und heilende Begegnung. Zum ersten Mal hatte ich das Gefühl, dass jemand mich verstand. Wenn ich meinem Umfeld erzählt hatte, dass sich mein rechter Fuss beim Joggen anfühlte, als hätte ich Wasser im Schuh, hatte das keiner so richtig nachvollziehen können. Daniel Albrecht dagegen sagte immer wieder: «Hey, wow, ja, so geht es mir auch!» Ich dachte, ich spinne also nicht, das ist wirklich so. Wir hatten so viele Gemeinsamkeiten, auch er hatte es mit einem Comeback versucht. Ich habe allergrössten Respekt vor ihm und seiner Leistung.

Zwei Wochen lang war ich in Atlanta bei einem Spezialisten für Hirnverletzungen in Kombination mit Profisport. Ted Carrick hatte die schwere Gehirnerschütterung des NHL-Superstars Sidney Crosby behandelt. Seine eher unorthodoxen Methoden und die damit verbundenen Erfolge fielen zuerst in den USA, später auch in anderen Ländern auf. Carrick arbeitet mit einem Ganzkörper-Gyroskop, das er «Gyrostim» nennt. Dabei sitzt man angeschnallt auf einem Stuhl in einer Glaskabine und wird in alle Richtungen gedreht. Mit der Therapie sollen spezifische Hirnareale aktiviert und die räumliche Orientierung verbessert werden. Carrick war vor allem im Eishockey eine bekannte Grösse, weshalb ich dort einen Therapieplatz bekam.

Hauptsächlich wurden Lichttests gemacht, ich musste meine Augen in verschiedene Richtungen bewegen, während ich auf einer instabilen Unterlage stand. Die Schädel-Hirn-Verletzung wirkt sich oft auf die Augen aus – noch heute spüre ich meine Müdigkeit zuerst an den Augen. Nach den Tests ging es in das «Gyrostim». Ein sehr schräges Gefühl, wenn man dort drinsitzt, sich zigmal um die eigene Achse dreht und fünfzehn Ärzte einem zusehen und sich Notizen machen. Ich fühlte mich wie in einer Waschmaschine. Danach musste ich Autofahren und dann aufs Eis. Dort ging es darum, den Puck immer und immer wieder an die gleiche Stelle zu schiessen. Unten links war die 1, unten rechts die 2, oben links die 3 und oben rechts die 4. Ich musste jeweils während des gesamten Trainings immer zwei dieser Nummern anpeilen. Nach dem Essen gab es wieder Tests, dann ging es wieder in die Maschine. Es war extrem anstrengend.

Ich habe alles, wirklich alles probiert, was mich meinem Traum hätte näherbringen können. Für mich gab es nichts anderes, ich ordnete alles meinem grossen Ziel unter. Die Welt um mich herum war vergessen. Wahrscheinlich hatten die ganzen Therapien schon einen Einfluss auf meine Genesung. Rückblickend kann ich aber nicht sagen, dass eine bestimmte davon den Durchbruch gebracht habe, während eine andere sinnlos gewesen sei. Es hat nicht mehr gereicht. Fertig.

Ein Aha-Erlebnis ist mir besonders im Gedächtnis geblieben. Es war eine Kraniosakraltherapeutin in der Nähe von Bern, die mich behandelte, mit der ich aber auch sehr offen reden konnte. Sie fragte mich einmal, wer der wichtigste Mensch in meinem Leben sei. Ich musste eine Weile überlegen, antwortete, meine Eltern, meine Partnerin, mein Bruder. Sie fragte mich dann: «Und was ist mit dir?» Das hat mich sprachlos gemacht. Ich? Der wichtigste Mensch in meinem Leben? Sie erklärte mir, dass das nichts mit Egoismus zu tun habe. Ich müsse mich selbst lieben, damit ich positive Energie, gute Vibes oder Liebe weitergeben könne. Dass ich mich selbst als wichtigsten Menschen in meinem Leben sehen darf, war in diesem Moment eine krasse Erkenntnis. Ich darf entscheiden, aus welcher Perspektive ich etwas betrachte. Das hat für mich alles verändert. Es hat mir auch geholfen, das Eishockey anders zu sehen – ich gehe den Weg weiter, solange er für mich stimmt. Aber ich entscheide ebenso, wann und wo der Weg zu Ende ist.

Jan Smulders hat immer wieder neue und kreative Ideen, wie ich meine geistigen und körperlichen Fähigkeiten verbessern kann.

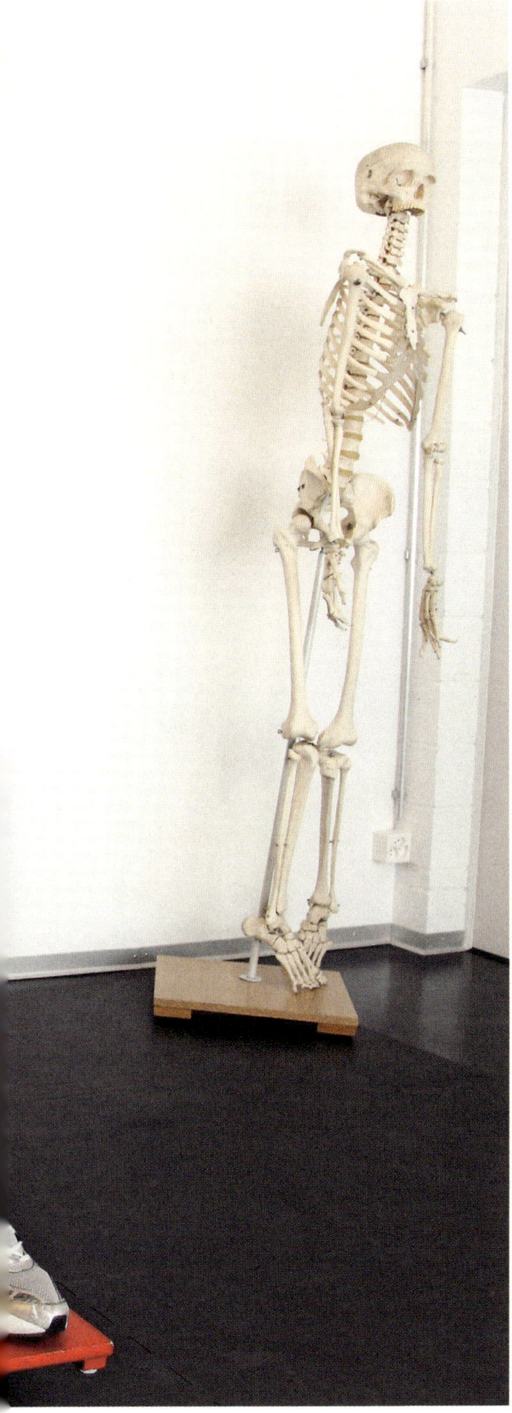

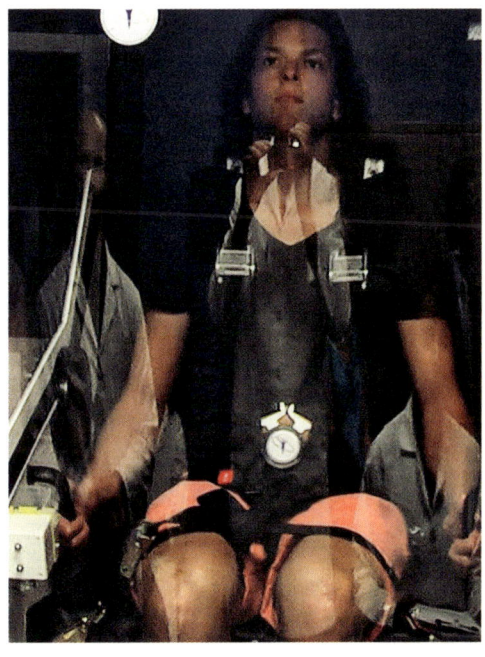

Wie in der Waschmaschine. Das «Gyrostim» von Dr. Carrick in Atlanta dreht mich in alle Richtungen. Eine von vielen Therapien, die ich für mein Comeback ausprobiere.

Der SCB wird in der Saison 2011/2012 Schweizer Meister. Ohne mich auf dem Eis. Trotzdem darf ich den Pokal in die Höhe stemmen.

DIE ZWEITE KARRIERE ALS HOCKEYPROFI

Die vielen Therapien zeigten Wirkung: Ich wurde immer besser und fitter. Bald durfte ich mit Sven Leuenberger, damals Sportchef beim SC Bern, aufs Eis. Ich bekam ein paar Einzeltrainings. Das erste Mal auf Schlittschuhen seit dem Unfall – eine ziemlich wackelige Sache. Ich hatte auch hier deutlich sichtbare Probleme mit meiner rechten Körperhälfte. Das Übersetzen links war okay – rechts dagegen war es so schlecht, dass Sven beim Fahren um die beiden Bully-Kreise das Tor aus der Verankerung nehmen und in Sicherheit bringen musste. Es bestand die Gefahr, dass ich reinfahren würde. Ich habe es nicht wahrgenommen. Übrigens auch der Grund, weshalb ich nach dem Unfall ein halbes Jahr lang nicht Auto fahren durfte.

Nach einigen Einzeltrainings mit Sven Leuenberger konnte ich immer freitags über den Mittag mit einer Gruppe von ehemaligen Spielern trainieren. Wir haben jeweils «gmätschlet», auf hohem Niveau, aber ohne Körperkontakt. Ich erinnere mich daran, dass es sehr viel Spass gemacht hat.

Im September 2011 bekam ich bei den Swiss Ice Hockey Awards den Preis als «Most Popular Player 2011», wurde also zum beliebtesten Spieler der Saison gewählt – vor Leonardo Genoni oder Ivo Rüthemann. Wow. Anfangs betrachtete ich die Auszeichnung als eine Art Mitleidspreis wegen meines Unfalls. Vielleicht war es auch so – auf der anderen Seite hatte ich 2010/2011 eine grossartige Saison gespielt. Wurde in nur zwei Jahren vom NLA-Debütanten zum Nationalspieler und zeigte eine tolle WM. Der Preis hat mich gerührt, geehrt und er war eine riesige Motivationsspritze. Ich erinnere mich an die Standing Ovations des Publikums, an meinen feinen Anzug mit der Nati-Krawatte, an meine langen Haare. Ich war total verschwitzt, nervös und hatte keine

Ahnung, wie ich mit dieser Situation umgehen sollte. Auf diesem Terrain habe ich mich nicht so wohlgefühlt wie früher auf dem Eis.

Die Saison 2011/2012 fand ohne mich statt, sie war den Therapien, dem Aufbau gewidmet. Gegen Ende der Saison, vor den Playoffs, trainierte ich öfters mit den Junioren des SCB. Anfangs war dies unglaublich ermüdend für mich – gleichzeitig mit all den Therapien. Erst habe ich nur ein-, zweimal pro Woche mittrainiert, später war es dann drei- oder viermal.

Mein wichtigster Ratgeber und Begleiter in dieser Zeit war Jörg Wetzel. Als Sportpsychologe versuchte er, meine Gefühle, mein Umfeld, meine Erwartungen, aber auch meine Pausen zu managen. Wir machten Entspannungsübungen, führten positive Selbstgespräche, arbeiteten an Konzentration, Fokussierung, Zielsetzung. Das war sehr wichtig für mich.

Die Saison 2012/2013 durfte ich dank einer Spezialbewilligung mit den Junioren des SC Bern bestreiten. Ich sollte so lange bei den Junioren eingesetzt werden, bis ein Einsatz in der Nationalliga A oder B wieder möglich war. Bei den Junioren waren das Niveau und die Intensität einfach weniger hoch. Das Sommertraining dagegen absolvierte ich ganz normal mit der ersten Mannschaft. Meine körperliche Fitness war zu diesem Zeitpunkt sogar noch besser als vor der Weltmeisterschaft 2011 – daran lag es also definitiv nicht. Ich erinnere mich daran, wie mein Mitspieler Franco Collenberg mir sagte, den «Lötschi» gebe es nicht mehr. Ich müsse neue Wege finden. Das zu akzeptieren, war hart – wenn er auch absolut recht hatte. Er nannte mich immer «Pablo». Ich wollte seinen Input ernst nehmen und liess mir den Namen «Pablo» auf meine Massstöcke drucken. In der Vorbereitung trainierte ich immer wieder mit der ersten Mannschaft. Bei einem Vorbereitungsspiel gegen Langenthal gelang mir sogar ein Assist. Dank dieses Erfolgs durfte ich mit der ersten Mannschaft zur European Trophy nach Stockholm reisen.

Einer meiner ersten Versuche auf dem Eis nach dem Unfall
im Oktober 2011. Das Medieninteresse ist riesig.

JÖRG WETZEL, SPORTPSYCHOLOGE

Die Anfrage, ob er Kevin psychologisch betreuen wolle, bekam Sportpsychologe Jörg Wetzel direkt von Sven Leuenberger. «Ich solle ihn persönlich als Klienten annehmen und nicht weiterleiten», sei Leuenbergers Bitte gewesen, erinnert sich Jörg Wetzel. «Das war ihm sehr wichtig.»

Leuenberger habe grossen Wert daraufgelegt, dass Kevin in allen Belangen unterstützt werde, so auch im mentalen Bereich. «Anfangs war Kevin psychisch und physisch angeschlagen, sehr verunsichert und auch verlangsamt in seinem Denken und in den Abläufen. Man merkte, dass da etwas nicht stimmt.» Er habe oft «neben den Schuhen» gestanden, war nicht richtig wach und aufmerksam.

Wetzel hat mit Kevin an verschiedenen Zielsetzungen gearbeitet. «Kevin wollte zurück ins Spitzeneishockey.» Es habe aber auch persönliche Ziele gegeben. Zudem habe Kevin mental stärker werden müssen, neu lernen müssen, mit Druck umzugehen sowie Ruhe und Gelassenheit zu finden.

«Ob ein Ziel realistisch ist, ist gar nicht mal so wichtig», erklärt der Sportpsychologe. Es sei besser, prozessorientiert zu arbeiten. Er habe sich am Menschen Kevin, an seinem Zustand orientieren müssen. An das Eishockey-Comeback habe er dabei gar nicht gedacht. «Ich habe versucht, in aktuellen Situationen zu intervenieren, Kevin zu stärken und ihn zu unterstützen.» Natürlich sei im Vordergrund gestanden, Kevins «Leben A» zurückzuerlangen. Allerdings habe er auch lernen müssen, zu akzeptieren, dass «Leben B» ebenso möglich – und dabei durchaus lebenswert – sei.

Unter anderem hat Jörg Wetzel mit Entspannungsmethoden, Befindlichkeitstests, Visualisierungstechniken und Glaubenssätzen gearbeitet. Es ging darum, die Ängstlichkeit zu bewältigen, das Selbstvertrauen aufzubauen, gut mit schwierigen Situationen umzugehen, einen optimalen Leistungszustand zu erreichen. Zudem habe sich Wetzel oft mit weiteren Spezialisten in Kevins Umfeld, dem Sportchef des SCB, dem Physiotherapeuten oder Fachpersonen der IV ausgetauscht.

«Wir haben viele Befindlichkeitstests gemacht. Mir war es wichtig, zu sehen, wie Kevin sich entwickelt.» Es waren Kurztests, die den Ist-Zustand kontrollieren sollten. «Kevin brauchte anfangs unglaublich lange für diese Tests.» Wetzel war klar, dass in seinem Kopf wirklich etwas kaputt gegangen war, Konzentration und Denken seien verlangsamt gewesen. Anfangs habe Kevin fast zehn Minuten gebraucht für den Test. Am Schluss seien es noch anderthalb Minuten gewesen. Die Aufmerksamkeitsqualität habe sich über die Monate stark gesteigert.

«Es war ernüchternd für mich, zu sehen, wie weit unten Kevin anfangen musste. Hatte er doch vor seinem Unfall einen richtigen Sprung nach oben gemacht, sogar eine Anfrage aus der NHL gehabt.» Die Zusammenarbeit mit Kevin endete etwa drei Jahre nach dem Unfall schleichend. Es war klar, dass Kevin kein Spitzeneishockey mehr würde spielen können, dass er neue Umfelder suchen musste. Wetzel besorgte ihm einen Job bei seinem Gärtner. Nach dem Rücktritt brauchte Kevin keinen Sportpsychologen mehr, auch wenn es ihm mental nicht gut ging. Doch nun war ein psychotherapeutischer Psychologe gefragt. «Jetzt ging es darum, ‹Leben B› und die damit verbundenen neuen Strukturen anzunehmen. Er musste sich im Alltag wiederfinden.»

Trotzdem war Jörg Wetzel weiterhin an Kevins Seite. «Ich war mehr ein Wegbegleiter. Wir sind Freunde geworden. Ich wollte ihn einfach als Menschen unterstützen.» Hin und wieder habe er Kevin aber auch bewusst allein gelassen, damit er lernte, seine eigenen – starken, wie Wetzel betont – Ressourcen anzuzapfen. Wetzel motivierte Kevin auch, eine Ausbildung zum Mentaltrainer zu machen. «Das hat er super gemacht.» Seine ersten Ziele im «Leben B» hat Kevin erreicht. Eine Entwicklung, die der Sportpsychologe mit Stolz beobachtet.

Die Medien waren in dieser Zeit oft an meiner Seite. Immer wollte jemand Informationen von mir, wollte hören, wie es vorwärtsgeht. Ich war eine Person von öffentlichem Interesse – nach dem Unfall vielleicht sogar noch mehr als vorher. Ich selbst wollte nicht ständig darüber reden, wieder erklären, dass mein Kopf noch nicht da war, wo ich ihn so gerne gehabt hätte.

Ja, logisch bemerkte ich, wie verzögert mein Kopf dachte. Wie langsam ich immer und immer wieder reagierte. Wie ich keine schnellen Entscheidungen mehr treffen konnte. Ich habe zwar noch Hockey gespielt – doch ich habe kein Hockey mehr gefühlt. Eine Erkenntnis, über die ich heute offen sprechen kann, die ich mir damals jedoch nicht eingestehen wollte. Profi-Eishockey – das war mein Traum. Daran gab es nichts zu rütteln. Da ich nicht mehr mit den Junioren spielen, sondern gegen «richtige Männer» antreten wollte, transferierte der SCB mich noch vor Meisterschaftsbeginn zum HC Sierre in die Nationalliga B. Zurück in meine Heimat, dorthin, wo ich schon einmal mein Eishockeytalent unter Beweis stellen konnte. Ich dachte, an Sierre habe ich so gute Erinnerungen – dort würde ich es packen und den entscheidenden Schritt vorwärts machen.

Ich war der einzige Spieler, der in 50 von 50 Spielen zum Einsatz kam.

Der nie krank war. Nie verletzt.

Doch mein Kopf war nicht auf dem Niveau von vor dem Unfall. In meiner ersten Saison beim HC Sierre, in der Saison 2008/2009, hatte ich in 47 Spielen 35 Tore gemacht, war bester Torschütze des Teams. In dieser Saison waren es in 50 Spielen drei Tore.

Der SCB holte den Schweizermeistertitel. Ohne mich!

Bei der Meisterfeier war ich trotzdem dabei, durfte den Pokal in die Höhe stemmen. Vor der grössten Fantribüne der Welt. Was für ein Ge-

Mit Manuel Neff vom HC Ajoie, mit ihm habe ich in der Juniorenmannschaft beim SCB gespielt. Hier treffe ich auf ihn als Gegner, während ich für den HC Sierre auf dem Eis stehe.

fühl, was für eine Ehre. Ich habe mich immer als Teil der Mannschaft gefühlt. Es war ein riesiges Gefühlschaos, ich war emotional berührt, gleichzeitig verwirrt. Ein innerer Kampf zwischen dem Wunsch, an diesem Punkt zu stehen und einen Teil dazu beigetragen zu haben, und dem gleichzeitigen Wissen, dass es womöglich, wahrscheinlich sogar, nie gelingen würde.

Der EHC Biel gab mir noch eine Chance. Das Sommertraining verbrachte ich wieder in Magglingen mit der ganzen Mannschaft, dazu bekam ich Einzeltraining. Ich habe dieses Zusatztraining gebraucht, das war mir klar. Wir haben mit einem verbundenen Auge Übungen gemacht, haben an meiner Koordination gearbeitet. Mehrere Dinge gleichzeitig zu erledigen – das war und blieb die grosse Herausforderung. In diesem Training bemerkte ich auch zum ersten Mal gewisse Blockaden. Diese haben an meiner Motivation gezehrt. Ich wollte einfach nur allein sein, weg von allem. Immer mehr hörte ich mich innerlich fragen: Wieso? Wieso tust du dir das überhaupt noch an? Fast täglich habe ich die Videos geschaut von meinen früheren Torerfolgen. Sie halfen mir, mich zu erinnern an die Emotionen auf dem Eis, an die Glücksgefühle bei einem Sieg oder einem tollen Tor, an die Fans, daran, Teil einer Hockeyfamilie zu sein, mit einem Team zusammen auf ein Ziel hinzuarbeiten, gemeinsam Erfolge zu feiern, aus Niederlagen zu lernen, vorwärtszuschauen. Die Videos beantworteten meine Frage nach dem Wieso.

Trotzdem haderte ich mit mir, meinem Schicksal.

Spürte, dass ich nicht mehr der Alte war.

Hatte eine Wut im Bauch.

Heute denke ich, ich hätte mir manchmal mehr Ehrlichkeit gewünscht. Hätte mir gewünscht, dass jemand zu mir sagt: «Hey, Kevin, was du leistest, ist grosse Klasse. Du bist viel besser, als wir jemals erwartet

Oben: An der Preisverleihung in Vullierens (VD), hier habe ich von Steffi Buchli und Laurent Bastardoz den Preis für den «Most Popular Player» der Saison 2010/2011 erhalten.

Unten: Im Sommertraining mit dem SC Bern. An meiner körperlichen Fitness ist mein Comeback nicht gescheitert.

hätten. Aber es reicht nicht mehr. Du wirst dein altes Niveau nicht mehr erreichen.» Ärzte, Therapeuten, Trainer – niemand sprach es aus. Und ich dachte immer, irgendwann wäre ich wieder der Alte. Ich habe so sehr daran festgehalten. Ja, ich hätte mir klare Worte gewünscht – auch wenn ich verstehe, dass es niemandem leichtgefallen wäre, diese auszusprechen.

Für den EHC Biel durfte ich gerade einmal drei Spiele absolvieren. In jedem dieser Spiele hatte ich ein paar wenige Einsätze erhalten. Ich hatte keine Chance. Wer nicht gut genug war, stand nicht auf dem Eis. Und das war die harte Realität: Ich war nicht gut genug. Der EHC Biel transferierte mich zum HC Ajoie in die Nationalliga B.

Bei meinen ersten Schritten zurück auf dem Eis begleitet mich der damalige SCB-Sportchef Sven Leuenberger. Seine Menschlichkeit und sein Humor waren für mich in dieser Zeit Gold wert.

MATHIEU TSCHANTRÉ, EHEMALIGER CAPTAIN EHC BIEL

EHC-Biel-Legende Mathieu Tschantré ist einer der wenigen Hockeyspieler, mit denen Kevin vor und nach dem Unfall im gleichen Team gespielt hat. Tschantré erinnert sich noch gut an seine erste Begegnung mit Kevin. «Ich war verletzt und musste zuschauen. Kevin kam mit seinem Vater zu einem Spiel, weil der EHC Biel ihn in die Mannschaft holen wollte. Wir sassen nebeneinander auf der Tribüne.»

Kurze Zeit später spielte Kevin tatsächlich für die Bieler. «Er war ein hoffnungsvoller Spieler, den der Club unbedingt haben wollte. Doch er war auch ein lustiger Typ, aufgeschlossen, hat sich gut im Team eingelebt.» Talentiert sei Kevin gewesen, habe hart trainiert. Aber: «Neben dem Eisfeld war er ein Schlitzohr. Er hat viel Unsinn im Kopf gehabt, war auch oft im Ausgang feiern.» Dennoch habe Kevin in Biel hervorragendes Eishockey gespielt, er unterschrieb beim grossen SC Bern und fuhr zu seiner ersten WM.

«Ich war in den Ferien, als ich von Kevins Unfall erfuhr. Ich fragte ihn, ob es ihm gut gehe, und bekam lange keine Antwort. Dann stand es plötzlich in den Zeitungen, und ich wusste, da ist nichts mehr gut.» Später hat Mathieu Tschantré Kevin im Anna-Seiler-Haus besucht. «Ich war nervös, wusste nicht, was mich erwartet.» Kevin schrieb, sie könnten gerne einen Spaziergang machen.

Ein Detail hat sich in Tschantrés Kopf festgebrannt. «Ich sehe ihn noch, wie er seine Converse anzieht. Er hat sie so eng zugebunden, als würde er seine Schlittschuhe anziehen. Ich dachte, hey, was läuft hier? Kevin hat früher nie seine Converse zugebunden. Es musste immer cool und locker sein. Und jetzt zieht er sie zu, als würde er mit Schlittschuhen aufs Eisfeld gehen.»

Da sei ihm bewusst geworden: Das war nicht mehr der Kevin von früher.

«Kevin hat wahnsinnig hart für sein Comeback gearbeitet. Er hat den gesamten Sommer mit der Mannschaft trainiert. Körperlich war er sogar besser ‹zwäg› als vor dem Unfall», erinnert sich Tschantré. «Vor dem Unfall hat er alles etwas lockerer genommen. Danach war er verbissener. In den Konditions- und Rumpftests war er oft sogar der Beste. Ich dachte, es ist ein Wunder, der schafft es tatsächlich noch einmal.»

Doch auf dem Eis wurde Tschantré schnell klar – das wird nichts mehr. Sie hätten einige schwierige Übungen absolvieren müssen, Purzelbäume schlagen, über Hindernisse springen, den Puck abdecken und dann aufs Tor schiessen. Selbst in guter Verfassung eine Challenge. «Kevin hat die ganze Übung absolviert und stand am Schluss ohne Puck vor dem Tor. Es hat mir das Herz zerrissen.» Leistungsmässig sei es kein Problem gewesen, doch koordinativ habe es nicht mehr gereicht. «Es war oberbrutal.»

Kevin wurde nach Ajoie transferiert, trat letztlich zurück. Die ehemaligen Teamkollegen treffen sich noch hin und wieder privat. Essen zusammen, die Kinder spielen. «Der Lötschi war wieder der Lötschi, aber nicht ganz.» Auf sozialer Ebene sei er noch immer der Lötschi, offen, kommunikativ, herzlich, er finde schnell einen Draht zu anderen Menschen. «Wo er hingeht, wird er herzlich aufgenommen.»

Als Sportler habe er eine gewisse Härte und Unbezwingbarkeit ausgestrahlt. Diese «Hockey-Aura» sei nun weg. «Es ist, als wäre mit dem Unfall etwas aus seinem Körper entwichen. Ich kann es nicht besser beschreiben.» Profi-Eishockey sei eine Lebenseinstellung, weiss Tschantré, man halte sich oft für unsterblich. Doch Kevins Schicksal zeige, auch Hockeyprofis seien Menschen. «Es ist schön, dass er offen über sein Schicksal spricht, dass er sich engagiert. Der Charakter ist noch der gleiche wie vorher. Und das ist das Wichtigste.»

DER RÜCKTRITT – ES GEHT NICHT MEHR

Vor meinem Unfall war ich ein witziger, geselliger Typ gewesen, der alle unterhalten und zum Lachen gebracht hatte. Doch auf einmal habe ich viel Zeit für mich gebraucht. Auch wenn ich heute wieder geselliger bin, Spass am Leben habe und viel lache – so schätze ich bis heute auch die Zeit für mich. Die ich brauche, um meine Batterien wieder zu laden. Momente wie diese, an einem schönen Ort, einem Happy Place. Zeit für meine Gedanken.

Einen Happy Place hatte ich zum Zeitpunkt meines Comebackversuches nicht. Damals war mir nicht bewusst, wie sehr ich einen solchen Platz gebraucht hätte. Klar, ich bin gerne joggen gegangen im Wald oder war mit meinem Stand-up-Paddle auf dem See, das hat mir immer gutgetan. Doch ich habe mich generell zu wenig zurückgezogen und mich nicht gefragt, was ich eigentlich will.

Dass ich nicht mehr der alte Kevin war und auch nie wieder werden würde, realisierte ich schmerzhaft in meiner Zeit in Ajoie. Grundsätzlich habe ich mich dort sehr wohlgefühlt, im Team waren coole Typen, einige hatte ich schon vorher gekannt. In Chevenez, neben Porrentruy im Kanton Jura, gab es ein älteres Haus mit mehreren Wohnungen, die von Ajoie-Spielern bewohnt wurden. Ich teilte meine Wohnung mit Stefan Mäder und Matthias Mischler; Stefan Mäder kannte ich noch aus meiner Zeit bei den Junioren in Langnau. Wir haben zusammen gekocht, «Brändi Dog» gespielt oder Filme geschaut. Eine coole Zeit.

Meine Aufgabe bei Ajoie war, «Puck in – Puck out» zu spielen, also den Puck aus dem eigenen Drittel raus über die blaue Linie ins gegnerische Drittel zu befördern. Auch diese Spieler sind für ein Team sehr wertvoll. Die Rolle entsprach nur nicht der, die ich mir für mich aufgrund meiner Leistungen in der Vergangenheit gewünscht hätte. Ich hatte keinen Einfluss mehr auf das Spiel. Die Aufgabe als Dritt- oder Viertlinienspieler ohne Verantwortung hat mir zu schaffen gemacht. Hinzu kam, dass ich noch immer darauf wartete, dass ich wieder mein «altes Eishockey» spielen konnte oder durfte.

Doch das war nicht mehr möglich. Vor meinem Unfall hatte ich meine Spielzüge schon vor meinem geistigen Auge, bevor ich den Puck überhaupt erhalten hatte. Ich wusste bereits, welche Optionen ich habe, was ich in welcher Situation tun musste. Nach dem Unfall war es eher so, dass ich den Puck bekam, erschrak, nicht wusste, was ich jetzt tun sollte, und dann – bam! – fuhr auch schon einer in mich rein. Ich konnte nicht mehr vorausdenken. Das war nicht nur unglaublich frustrierend, sondern immer wieder auch äusserst schmerzhaft.

Ich hatte bald nicht mehr die gleiche Ausstrahlung wie früher, konnte mein Team nicht mehr zum Sieg führen oder ihm helfen, wie ich das gerne gemacht hätte oder wie ich es in Erinnerung hatte. Ich war verkrampft auf der Suche nach etwas, das nie wiederkommen würde. Schlicht, ich hatte keine Lebensfreude mehr.

Ich suchte den Rat meiner Mutter, schluchzend am Telefon. Meine Kräfte hatten mich verlassen, mein eiserner Wille, wieder Hockey zu spielen, war gebrochen.

Eines Nachmittags bin ich – nach meinem täglichen Powernap – rausgegangen, eine Runde joggen. Es war eine wundervolle Ruhe, da allein draussen in der Natur. An einem besonders schönen Fleck habe ich angehalten und bin in mich gegangen. Ich war zu diesem Zeitpunkt kein guter Partner mehr, kein guter Sohn. Ich war nur darauf fokussiert, wieder mein altes Hockey abrufen zu können. Alles zu tun, was mich diesem Traum näherbringt. Dabei hatte ich mich selbst verloren. Einige Zeit zuvor hatte ich mir vorgenommen: Ich probiere es noch einmal. Und zwar so lange, bis ich selbst entscheide, wann Schluss ist. Jetzt war es so weit.

Das spürte ich instinktiv. Auch wenn ich grosse Angst hatte vor diesem Schritt. Doch ich konnte mich selbst nicht mehr ertragen, diese ständige Unzufriedenheit machte mich fertig. Ich wollte wieder ein Mensch sein, der nicht nur selbst von Herzen lacht, sondern auch andere zum Lachen bringt. Wollte wieder jemand sein, den man gerne in seiner Nähe hat, bei dem man sich wohlfühlt.

Am gleichen Abend, es war am 10. Februar 2014, eine Woche vor meinem Geburtstag, rief ich einen Freund an, einen Journalisten und fragte ihn, wie ich meinen eigenen Rücktritt erklären konnte. Er half mir, eine Medienmitteilung zu veröffentlichen.

Tags darauf war die Nachricht dann gross in den Medien: «Kevin Lötscher beendet Karriere per sofort.» Mein Handy klingelte im Sekundentakt. Alle Medien der Schweiz wollten irgendwas von mir wissen. Ich hatte keinen Nerv dafür, habe sie alle weggedrückt. Der Rücktritt war die schwierigste Entscheidung meines ganzen bisherigen Lebens. Ich musste mich entscheiden zwischen zwei Dingen, die für mich beide einen unglaublich hohen Stellenwert hatten:

Hockey spielen oder glücklich sein.

An diesem Tag hatte ich mich für Letzteres entschieden – ohne zu ahnen, welche Tragweite diese Entscheidung hatte. Ich bin nach Ajoie gefahren, habe meine Sachen abgeholt und meinen Teamkollegen viel Glück für ihr weiteres Leben und ihre Karriere gewünscht. Dann bin ich ins Auto gestiegen und ins Wallis gefahren. Alles, was ich jetzt wollte, war, bei meiner Familie zu sein. Die ich gerade mehr denn je brauchte.

DEN GLAUBEN VERLOREN

Kevin Lötscher tritt zurück

Kevin Lötscher beendet seine Eishockey-Karriere per sofort, wie «20 Minuten» berichtet. Der Stürmer war an der WM 2011 in der Slowakei einer der auffälligsten Schweizer und hatte damals einen Vertrag mit dem SCB unterzeichnet. Doch dann wurde der Walliser in Siders von einer betrunkenen Autofahrerin angefahren.

Lötscher lag einige Tage im Koma, kämpfte sich zurück und erhielt nach einer Saison in der NLB bei Sierre einen Vertrag

Kevin Lötscher tritt zurück

▶ Kevin Lötscher tritt zurück (Teil 1)

12.02.14 Loetscher.ogg 1 MB

Kevin Lötscher, der ehemalige Spieler der SCL Tigers, hat seinen Rücktritt bekannt gegeben. Der erst 25-jährige hatte im Jahr 2011 bei einem Autounfall ein schweres Schädel-Hirn-Trauma erlitten und nach dem Unfall den Anschluss in der NLA nicht mehr gefunden. Er möchte sich jetzt beruflich neu orientieren.

Kevin Lötscher beendet seine Karriere

Der Eishockeyspieler Kevin Lötscher beendet im Alter von 25 Jahren seine Karriere. Dies als Folge eines schweren Unfalls, den der Walliser 2011 erlitten hatte.

GENUG VOM EISHOCKEY

Kevin Lötscher erklärt per sofort den Rücktritt

Ein grosser Kämpfer mag nicht mehr: Der frühere Nationalspieler Kevin Lötscher beendet seine Eishockeykarriere per sofort.

Unfall-Opfer hängt die Schlittschuhe an den Nagel

Kevin Lötscher (25) beendet per sofort seine Karriere als Eishockey-Profi. Zweieinhalb Jahre nach seinem schwerwiegenden Unfall beginnt für den Walliser ein neuer Lebensabschnitt.

Der Rücktritt steht fest. Wiederum ist das Medieninteresse gross. Mein Schicksal hat viele im Land bewegt.

Eines der letzten Spiele meiner Eishockeykarriere.
Mit dem HC Ajoie gegen die SCL Tigers.

JANN BILLETER, SPORTJOURNALIST UND EISHOCKEYKOMMENTATOR

«Ich sehe es noch vor mir, wie Kevin Lötscher die zwei Tore gegen die USA erzielt», erzählt der ehemalige SRF-Eishockeykommentator Jann Billeter. Kevin habe nicht lange gefackelt und die Scheibe ins Netz gehämmert. «Er ist in die Zone vor dem Tor gepresscht, wuchtig, bestimmt und konsequent, wie man es von Schweizer Spielern bis dahin nur selten gesehen hat.» Es sei absolut klar gewesen, dass Kevin vor einer grossen Zukunft in der Nationalmannschaft stand.

«Nach dem Spiel habe ich Kevin zu seinen Toren gratuliert», erinnert sich Jann Billeter. Er sei eine Frohnatur gewesen, habe eine gewinnende Persönlichkeit gehabt. «Ich dachte, was für ein Glücksfall für das Schweizer Eishockey.»

Für Billeter war die WM nach dem Ausscheiden der Schweiz nicht vorbei. Er reiste mit seinem Co-Kommentator Mario Rottaris weiter nach Bratislava, wo sie die Finalspiele kommentierten. «Kurz vor dem Finalspiel, ich weiss nicht mehr, ob am Samstag oder am Sonntag, wurden wir von einem Verbandsvertreter informiert, dass Kevin bei einem Unfall im Wallis schwer verletzt worden war. Es war schrecklich, wir waren erschüttert.»

Er kommentierte die spektakulären Spiele um die Medaillen, war mit den Gedanken aber ganz woanders. Ihn habe das Schicksal von Kevin sehr stark beschäftigt, erinnert sich Billeter. Er sei bereits 2009 in Kitzbühel beim tragischen Sturz von Skisportler Daniel Albrecht dabei gewesen. Stand bereit fürs Interview mit ihm – und dann stürzte der Abfahrer im Zielraum. «Es ist verrückt, wie sich diese Ereignisse ähneln.»

Nun hoffte und bangte er wieder mit einem jungen Athleten – die Sportabteilung des SRF habe mitgefühlt, zusammen mit der ganzen Nation. Man wartete auf News aus dem Spital. «Wir vermeldeten nur offizielle Nachrichten, wollten die Familie bewusst in Ruhe lassen», erinnert sich Billeter.

Im Dezember 2011 habe er Kevin dann das erste Mal seit dem Unfall wiedergesehen – Billeter begrüsste ihn als Gast im «Sportpanorama». «Das Publikum hiess ihn mit Standing Ovations willkommen.» Danach habe er Kevins Comebackversuch mitverfolgt. Es sei grossartig, dass er wieder in der Nati B gespielt habe, auch vom EHC Biel eine Chance bekommen habe. Doch auch Billeter hat registriert, dass es einfach nicht mehr reicht. «Sein Rücktritt war leider keine Überraschung. Um auf diesem Niveau zu spielen, braucht es einhundert Prozent. Und nichts weniger.»

Billeter kann sich nur vage vorstellen, was Kevin alles zu bewältigen hatte. Doch heute sei er sehr beeindruckt. «Es ist inspirierend, ihn zu treffen. Und es zeigt jedes Mal deutlich, wie wertvoll unser Leben ist und wie dankbar wir sein dürfen, gesund in den Tag zu starten.»

EIN TRAUM IST GEPLATZT – DER TIEFE FALL

Es ist nicht so, dass ich mich an jedem schönen Fleckchen Erde zurückziehen, zu mir finden kann. Dafür brauche ich tatsächlich meinen persönlichen Happy Place. Wenn ich Raum für mich brauche, gehe ich dorthin und finde, was ich suche. Und dennoch gibt es so viele schöne Plätze auf der Erde, die mir immer wieder besondere Momente geschenkt haben. Einen solchen Moment erlebte ich in Kapstadt, wohin ich kurz nach meinem Rücktritt flüchtete.

Bei mir waren zunächst alle Lichter aus. Ich fühlte mich verloren. Zurück im Wallis ging es erst einmal auf die Skipiste. Meine Cousine war auch dabei. Ich weiss noch, wie sie mich gefragt hat, wie es mir gehe. Eine Frage, die für mich zu diesem Zeitpunkt nicht wirklich Sinn ergab. Immerhin hatte ich soeben meinen Lebenstraum begraben. Trotzdem unterhielt ich mich dann ein wenig mit ihr. Sie arbeitete in einem Reisebüro und hatte einen Freund in Südafrika. Sie bot mir spontan an, einen Flug dorthin zu buchen und ihn zu besuchen.

Ich kannte den jungen Mann nicht wirklich, hatte ihn einmal in meinem Leben für vielleicht eine Stunde gesehen. Doch er schien ein cooler Typ zu sein, und ich dachte mir, warum nicht? Ich brauchte Distanz, musste einen klaren Kopf bekommen. Meine Cousine buchte mir über ihr Reisebüro direkt einen Flug. Es war das erste Mal, dass ich in der Business-Klasse flog. Das hatte ich nach dem Ende meines Lebenstraums auch verdient, fand ich. Für drei Wochen ging es also nach Kapstadt.

Es war eine tolle Zeit mit ihm. Wir trieben viel Sport, unterhielten uns am Meer, und ich lernte die Sehenswürdigkeiten der Region kennen. So sind wir auch auf den Lion's Head gerannt. Dort oben erlebte ich

Nach dem Rücktritt will ich einfach nur weg. Ich reise für einige Wochen nach Südafrika, geniesse das warme Wetter, den Strand und das Meer. Auf dem Lion's Head im Hintergrund habe ich einen speziellen Moment, in dem ich mir über meine Zukunft Gedanken mache.

einen besonderen Moment. Ich sass auf einem Stein und blickte über die ganze Stadt, die Strände und das Meer. Es war mäuschenstill, einfach perfekt. Da habe ich mir zum ersten Mal richtig überlegt: Was jetzt? Kevin, wie geht dein Leben weiter? Was gibt es noch für dich? Du bist doch erst sechsundzwanzig. Ich spürte, dass das Leben noch etwas für mich bereithielt – ich wusste einfach nicht, was.

Als ich in die Schweiz zurückkehrte, war ich weiterhin ziemlich planlos. Diese Planlosigkeit hat mich näher und näher an den Abgrund geführt. Ich spürte, dass ich alles andere als okay war, und rief meine Mutter an, erzählte ihr, dass es mir nicht gut gehe. Sie trommelte die ganze Familie zusammen. Als ich ankam, waren alle da. Das hat mich dermassen aus der Bahn geworfen, dass ich schluchzend zusammenbrach.

Wenn ich heute darüber nachdenke, dann war das vorherrschende Gefühl vor allem Angst. Ja, der Gedanke an eine Zukunft ohne Eishockey hat mir Angst gemacht.

Dass das Profi-Eishockey meine Leidenschaft war, mein Kindheitstraum, habe ich mehrfach erwähnt. Mein Traum war zu meinem persönlichen Albtraum geworden. Es ging längst nicht nur um das Eishockey, das mir fehlte. Mein gewohnter Tagesablauf war weg, das Kabinenleben mit meinen Teamkollegen, so vielen grossartigen Menschen, die Vorbereitung, die Konzentration auf die Aufgabe, das Kribbeln im Bauch. Alles nicht mehr da. Selbst das liebevolle Isolieren der Stöcke, das Umziehen, das Mittagessen mit der halben Mannschaft. Und vor allem der Spass. Der Spass in jeder einzelnen Phase auf und neben dem Eis. Es hatte nun keinen Stellenwert mehr in meinem Leben. Das alles hatte mich ausgemacht, hatte mir Energie gegeben und für positive Emotionen gesorgt. Ich war ein Teil dieser Hockeyfamilie, und nun war sie nicht mehr da.

Mit dem Rücktritt hatte ich ganz klar auch einen Teil meiner Anerkennung, meines Selbstwertgefühls verloren. Ich fühlte eine Leere in mir, wie ich sie bis dahin nicht gekannt hatte. Mein erster Gedanke am Morgen war: Warum um Gottes willen stehe ich überhaupt auf? Für was?

Den meisten Frust bekam ganz klar Yvi ab. Das tut mir heute enorm leid. Das Leben zog wie ein Film an mir vorbei. Ich habe nur wenige Momente bewusst wahrgenommen. Vielleicht habe ich aus dieser Zeit auch einfach einiges vergessen. Aus Selbstschutz. Meine Gefühle gehörten meinem Verlust. Ich war nicht bereit, nach vorne zu schauen und etwas Neues anzupacken.

Anfangs wollte ich nicht darüber reden, wollte alles mit mir selbst ausmachen. Ich habe dann auch angefangen, Gras zu rauchen, um den Schmerz zu betäuben. Ich wollte allein sein, in meiner Blase, meine einzige Freude war, abends zugedröhnt ins Bett zu gehen und einige Stunden weit weg von der Realität zu sein. Natürlich riet mein Umfeld mir zu professioneller Hilfe. Davon wollte ich aber nichts wissen. Mein Stolz war zu gross. Ich? Ich brauchte doch keine Hilfe. Ich hatte doch bisher auch alles allein geschafft. Dabei hatte ich falsche Entscheidungen getroffen und Menschen, die mir am Herzen liegen, verletzt. Fakt ist: Im frühen Sommer 2014 wusste ich zum ersten Mal in meinem Leben nicht, wie es weitergehen sollte.

DER WEG ZURÜCK INS LEBEN

Dass sich etwas ändern musste, war mir klar. Dennoch beginnt dieses Kapitel nicht so positiv, wie es der Titel vermuten lässt. In mir hatte sich aber etwas verändert. Ich wollte etwas bewegen, ich wollte vorwärtsgehen, ich wollte heraus aus meiner täglichen Unzufriedenheit, wollte wieder leben.

Diesen Richtungswechsel beschreite ich mit dem Gang zu meinem zweiten Happy Place. Dafür verlasse ich meinen Stein und die Alphütte, fahre ins Tal hinunter und auf der direkt gegenüberliegenden Seite wieder hinauf. Hindurch durch Leuk-Stadt bis zum Friedhofparkplatz. Von da an geht es zu Fuss weiter – einige Minuten steil hinauf über Stock und Stein. Schon während des Fussmarsches merke ich, wie ich abschalte, ruhig werde. Irgendwann kommen noch einmal zwei, drei Steigungen, und dann steht da diese Bank. Irgendwo im Nirgendwo. Vor der Bank geht es steil runter. Ich setze mich darauf, geniesse die Aussicht über das Tal, den Pfynwald, ich erblicke unsere Alphütte am gegenüberliegenden Hang, Sitten mit den Schlössern Valeria und Tourbillon, aber auch den idyllischen Ort Leuk-Stadt mit den Steinhäuschen, dem Kirchturm und dem roten Platz meiner alten Primarschule. Ich sehe so viele spezielle Orte, die ich mit Erlebnissen aus meinem Leben verbinde. Immer, wenn ich im Wallis bin, besuche ich diesen Platz. Manchmal nehme ich auch meine Kinder mit. Es fällt mir hier sehr leicht, einfach zu sein. Zu existieren. Runterzufahren. Ein Ort der Selbstreflexion.

Meine Selbstreflexion hat mir damals geholfen, dass ich mir letztlich doch therapeutische Hilfe geholt habe. Es hat irgendwann – zum Glück nicht zu spät – klick gemacht. Ich brauchte eine neutrale Person. Meine Familie war zu nah dran und zudem auch stark emotional involviert. Ich brauchte einen Schiedsrichter. Jemanden, der keine

Partei ergreift, der mir bei der Verarbeitung hilft und mir Wege aufzeigt, wie ich wieder ins Gleichgewicht komme. Irgendwann nahm ich meinen ganzen Mut zusammen und sagte meiner Familie, dass ich Hilfe brauche. Dass ich es allein nicht schaffe.

Ich war in dieser Zeit ein Schatten meiner selbst. Hockte, nur in Unterhosen bekleidet, auf dem Sofa und spielte auf der Playstation. Meist war ich bekifft. Wenn Yvi von der Arbeit kam, musste sie noch selbst kochen und die Küche aufräumen – nicht einmal das bekam ich hin. Ich war in einem konstanten Zustand der Unzufriedenheit. Dazu kamen die Albträume. Oft wachte ich mitten in der Nacht auf, schreiend, total verschwitzt – etwas war im Traum auf mich zugekommen. Etwas Bedrohliches.

Viele Gespräche mit Yvi verliefen im Sand. Ich war nicht in der Lage, das Gesagte oder Empfohlene aufzunehmen. Doch immer mehr gab es auch Gespräche, über die ich nachdachte. Mir war klar, dass ich so nicht weiterleben konnte und wollte.

Zuerst sind Yvi und ich von Düdingen nach Freiburg gezogen. In Düdingen hatte ich eine furchtbare Zeit und ich brauchte einen Neuanfang, auch räumlich.

Natürlich wollte ich auch im Berufsleben Fuss fassen. Ich absolvierte etliche Tests zur Berufsfindung – ohne Ergebnisse. Nichts von dem, was mir empfohlen wurde, hat mich interessiert. Was auch damit zu tun hatte, dass es meinen absoluten Traumjob für mich nicht mehr gab. Der Prozess dauerte mehrere Wochen und wurde durch die IV unterstützt. In dieser Zeit habe ich zudem einige neurologische Abklärungen gemacht. Die Experten rieten mir von Ausbildungen ab. Sie befürchteten, dass die Belastung des Hirns durch das Lernen zu neuen depressiven Verstimmungen führen könnte. Der Rat war, eine handwerkliche Arbeit auszuführen.

Mein zweiter Happy Place. Von dieser Bank,
hoch über Leuk-Stadt, überblicke ich das halbe Wallis.
So viele Erinnerungen begleiten mich dabei.

Eine neue Depression war keine Option für mich. Und so stellte ich mich auf eine Zukunft als Handwerker ein. Auch wenn ich zugegebenermassen in diesem Bereich völlig talentfrei bin.

Das Eishockey fehlte mir. Es fehlte mir so sehr, dass ich verrückt wurde.

Sportpsychologe Jörg Wetzel, der mich weiterhin begleitete und mir mit Rat und Tat zur Seite stand, vermittelte mir ebenfalls in Zusammenarbeit mit der IV eine Beschäftigungstherapie in einer Gärtnerei. So begann meine eher kurze Karriere als Handwerker. Eigentlich war ich sogar gerne Gärtner, ich habe die Zeit als sehr schön in Erinnerung. Ich kam zur Ruhe, war viel in der Natur. Natürlich hatte ich keine Ausbildung – doch ich half, wo ich eben konnte. Ich erinnere mich noch an eine Baustelle in der Nähe von Thun. Es war der Garten einer warmherzigen älteren Dame, sie wollte eine grosse Natursteinmauer hinter ihrem Haus errichten. Man musste über einhundert Treppenstufen hoch, und jemand musste die Steine – einer wog fünfzehn bis zwanzig Kilos – da rauftragen. Dieser jemand war ich. Es machte mir nichts aus, es war ein super Training in der Natur, und ich hatte meinen Frieden dabei. In der Woche, in der ich dort gearbeitet habe, habe ich also über eine Tonne nach oben geschleppt. Die Dame servierte uns immer einen Znüni mit Brot, Honig, Konfi und Käse. Die Gärtnerei, in der ich arbeiten durfte, hat später beim Umbau meines eigenen Hauses den Garten gestaltet.

Noch während meiner Zeit als Gärtner kam im Herbst 2015 mein erster Sohn Jonah zur Welt. Ich weiss nicht, ob ich je bereit war, Vater zu werden. Doch mir war klar, dass ich mir das vorstellen konnte. Ich hatte eine Partnerin, die ich liebte und die mich liebte, die mich nie aufgegeben hatte. Ich wollte den Rest meines Lebens an ihrer Seite verbringen und ich fühlte mich geerdeter und positiver, und so hat der Zeitpunkt für die Gründung einer Familie einfach gepasst. Kurz vor der Geburt haben wir auch geheiratet. Es war eine kleine, gemütliche Feier mit Familie und Freunden in einem schönen Garten. Ich wollte offiziell Ja

Ich habe das Gefühl, es geht aufwärts. Es ist für mich der richtige Moment, eine Familie zu gründen. Die Rolle des Vaters ist die beste meines Lebens.

sagen zu Yvi, zu der Frau, die so viel für mich getan hatte und die unser Kind in ihrem Bauch trug. Die Geburt unseres Sohnes hat für mich noch einmal alles verändert. Es ging nicht mehr nur um mich – es ging um dieses kleine Menschenleben, für das Yvi und ich die Verantwortung trugen. Es war ein unbeschreibliches Gefühl, Vater zu werden.

Im November 2015 hörte ich als Gärtner auf. Ich bekam einen Job als Verkäufer bei Ochsner Hockey in Freiburg und fing im Dezember an. Meine Hockeykenntnisse haben mir dabei sehr geholfen. Es war zudem ein super Team, und so bin ich jeden Tag gerne zur Arbeit gegangen. Unter den Kunden waren manchmal auch Teenager, die selbst auf dem Weg zum Eishockeyprofi waren. Diese freuten sich immer über meine Tipps und Ratschläge. Auch bei den Kindern war meine Expertise gefragt – denn ich wusste genau, wie die Ausrüstung sitzen sollte, wie man sie anzieht, und konnte von meinen eigenen Erfahrungen profitieren und diese weitergeben. Ich fühlte mich eine Zeit lang zufrieden. Doch auch dieses Mal nicht lange. Ich stellte bald fest, dass mir etwas fehlte. Ich wollte mehr. Im Februar 2017 hörte ich bei Ochsner Hockey auf und reiste für zwei Wochen allein nach Sri Lanka.

Nur mein Surfbrett und ich.

Vielleicht war ich etwas zu motiviert. Denn schon beim ersten Ritt riss mich eine Welle mit und spülte mich unter Wasser. Ich fühlte mich wie damals im «Gyrostim», die Finne meines Surfbretts zerschnitt mir den Fuss. Ärztliche Hilfe war schwierig zu bekommen. Mit dem Tuk-Tuk ging es durch den Urwald zu einem kleinen Häuschen mit einigen bunten Plastikstühlen. Einige andere Patienten warteten bereits, und ich stellte mich mit meinem blutenden Fuss ans Ende der Reihe. Das Blut tropfte herunter, sodass die wartenden Menschen mir lächelnd den Vortritt liessen. Ich bekam zwei Spritzen, und der Fuss wurde mit fünf Stichen genäht. In der Apotheke, wo ich meine Verbandssachen bekam, kaufte ich ein paar Schleckstängel, die ich den wartenden Kindern als Dankeschön überreichte. Es war ein schönes

Gefühl, den Kindern mit einer Kleinigkeit so eine Freude zu machen und ihnen ein Lächeln ins Gesicht zu zaubern.

In der Schweiz habe ich manchmal den Eindruck, jeder nimmt seine eigenen Probleme am wichtigsten. Dort war es ein Füreinander und Miteinander. Das ist mir eingefahren. Die Menschen haben so wenig und sind damit zufrieden.

Natürlich war es das vorerst mit dem Surfen. Zurück im Camp hiess es, Fuss hochlagern, Bier trinken und lesen. Zum ersten Mal in meinem Leben habe ich ein ganzes Buch gelesen. «Der Alchimist» von Paulo Coelho. Ich habe es so sehr geliebt, dass ich es sogar noch einmal gelesen habe. Ein zweites Buch hatte ich nämlich nicht dabei. Und wir haben gefeiert. Ich erinnere mich an eine Party in einer alten Ruine, die ganze Zeit dröhnte Bob Marley aus den Boxen. Es war ein vertrautes Gefühl, ich war in meiner eigenen Welt. Vielleicht fühlte ich mich unbewusst an meine Zeit im Koma erinnert?

Kurz nach meiner Rückkehr aus Sri Lanka wurde Yvi zum zweiten Mal schwanger. Ich hatte in der Zeit keinen Job und blieb mit meinem älteren Sohn daheim, betreute ihn. Mein Lebensmittelpunkt war er, ich wollte ihn aufwachsen sehen. Mein zweiter Sohn Nino kam im Dezember 2017 zur Welt.

Im Januar 2018 begann ich meine Ausbildung zum Ernährungsberater, die beinahe ein Jahr dauerte. Es war mir wichtig, eine Ausbildung zu absolvieren, auf die ich aufbauen konnte. Ich wollte es zumindest versuchen. Die Ernährung hatte mich schon während meiner Zeit als Hockeyprofi interessiert, da sie für einen Profisportler ein wichtiger Bestandteil seines Alltags ist. Es war immer Thema, welche Nährstoffe meinen Körper unterstützen, was sie fördern und wie sie mir helfen können. Ich wollte mehr darüber wissen. Für Menschen ohne Konzentrations- und Aufnahmedefizit war die Ausbildung berufsbegleitend. Für mich war sie eine Vollzeitherausforderung. Immer am Montag besuchte ich den Unterricht, dann folgten vier Tage Selbststudium. Yvi konnte mir als Lehrerin sehr viel helfen, immerhin hatte ich schon lange keinen Schulstoff mehr lernen müssen. Daneben konnte ich glücklicherweise viel Zeit mit meinen Söhnen verbringen. Ich war so gerne Vater – und bin es natürlich noch heute. Ich liebe es, die Fortschritte meiner Kinder zu beobachten. Es war ein bisschen wie beim Eishockey: Mir war bewusst, dass ich die Vater-Rolle gut spielte, und damit hat sie mich auch unglaublich erfüllt. Natürlich war die Ausbildung sehr viel Kopfarbeit – doch die von den Ärzten prophezeite neue Depression blieb aus. Ich schaffte den Abschluss im November 2018 ohne Probleme. Die Jobsuche danach war jedoch schwierig. Vielen Unternehmen reichte meine tägliche Arbeitsleistung von fünf bis sechs Stunden nicht.

Einige Aufträge hielten mich über Wasser. Für Swiss Ice Hockey durfte ich die Junioren in Sachen Ernährung coachen. Ich zeigte ihnen auf, wieso sie was essen sollten, und erläuterte ihnen die verschiedenen Nährstoffe. Die Ochsner Hockey Academy gab mir die Möglichkeit, im Sommer einige talentierte Kids zu coachen. Bei einem Plausch-Camp in Arosa mit Menschen aus allen möglichen Berufen hielt ich dann mein allererstes Referat. Das hat mir riesigen Spass gemacht, mehr als alles andere, was ich seit meinem Rücktritt ausprobiert hatte.

Endlich hatte ich das Gefühl, es geht bergauf, ich komme in meinem Leben an. Doch dann musste ich noch einmal einstecken. In meiner neuen Heimat Murten hatte ich ein älteres Haus gekauft, das während einiger Monate renoviert wurde. Ein Kraftakt für uns alle, vor allem aber für Yvi, die Job, Umbau und zwei kleine Kinder fast im Alleingang wuppte. Im April 2019 zogen wir ein, im Juni hatte Yvi keine Kraft mehr. Sie trennte sich von mir.

Wieder zog es mir den Boden unter den Füssen weg. Natürlich – unsere Beziehung hatte sich verändert, wir hatten uns auseinandergelebt, hatten andere Prioritäten, und sie hatte wirklich viel mit mir durchgemacht. Trotzdem war sie die Frau, mit der ich mein Leben hatte verbringen wollen. Und jetzt war sie weg. Ich war auf mich allein gestellt. Musste selbst entscheiden, selbst Lösungen finden. Eine sehr schwierige Situation für mich, ich wollte um jeden Preis verhindern, dass ich wieder in ein Loch fiel.

Rückblickend war die Trennung vielleicht das Beste, was mir hatte passieren können. Denn endlich war ich gezwungen, die komplette Verantwortung für mich und mein Leben zu übernehmen.

Im Mai 2019, noch vor der Trennung, war ich mit ein paar Freunden im Piemont. Wir spielten dort zusammen Golf. Auf dem Rückweg erzählte ich meinem Kumpel Krippi von meinen Gedanken, davon, dass ich grosse Lust hätte, meine Erfahrungen weiterzugeben, zu teilen und anderen Menschen durch meine eigene Geschichte vielleicht Hoffnung zu schenken. Ich habe geredet, geredet, geredet. Irgendwann hat Krippi mich unterbrochen, gefragt: «Was willst du damit denn erreichen?» Ich antwortete, dass ich einfach möchte, dass die Menschen sich Sorge tragen. Sie sollten sich «Sorg ha». Krippi meinte nur: «Na bitte, jetzt hast du schon einmal einen Namen. SORGHA.»

Die Idee verschwand nicht mehr aus meinem Kopf. Endlich hatte ich die Vision, nach der ich mich so sehr gesehnt hatte. Zusammen mit einer Kreativagentur arbeitete ich ein Konzept aus. Die Jungs von Trenders in Bern hörten sich meine Ideen an, machten sich Notizen. Daraus entstanden sind das sogenannte SORGHA-Modell, eine erste Präsentation, Visitenkarten und ein professioneller Internetauftritt mit einem Logo. Ich wollte kein vorgefertigtes Logo haben, sondern etwas, was zu mir passt. So habe ich mein Tattoo mit unserer Familienzahl 13 in Maya-Schrift genommen. Die Balken und Kreise haben wir eckig gestaltet, weil das Leben ja auch Ecken und Kanten hat.

Im Juni 2019 – einige Tage nach der Trennung von Yvi – habe ich meine Firma SORGHA gegründet und endlich angefangen, mein Leben wieder selbst in die Hand zu nehmen.

YVI WÜRMS,
MUTTER VON KEVINS KINDERN

«Als ich Kevin damals kennenlernte, war er noch im Anna-Seiler-Haus. Er war zerbrechlich, mager, bleich und war kurz zuvor dabei, sein Leben zu verlieren», erzählt Kevins Ex-Frau Yvi (Yvonne) Würms. «Aber er hatte genau meinen Humor, er war dankbar für sein zweites Leben, und die Familie stand für ihn an erster Stelle. Diese Eigenschaften waren mir persönlich so wichtig.» Kevin habe die kleinen Dinge im Leben geschätzt. So habe er ihr eine Blume auf dem Weg gezeigt, gesagt, wie wunderschön sie sei. «Ich habe die Blume schon gar nicht mehr gesehen.»

Beim Kennenlernen war eine Rückkehr aufs Eis kein Thema. Im Zentrum standen das Überleben und die Genesung mit dem Ziel, danach ein einigermassen normales Leben führen zu können. Doch noch vor dem Austritt aus dem Anna-Seiler-Haus und nach mehreren Gesprächen mit Ärzten sei Kevin auch klar gewesen, dass er aufs Eis zurückwolle, so Yvi Würms. «Etwas anderes gab es für ihn nicht.» Sie sei auf diesem Weg nicht nur Partnerin gewesen, sondern vielmehr Zuhörerin, Organisatorin, Motivatorin, Psychologin, Managerin und irgendwann alles, ausser Partnerin. «Ich war bei jeder Entscheidung dabei. Er konnte eine lange Zeit keine Entscheidungen mehr treffen. So kamen viele Leute mit der Zeit auch direkt zu mir.» Kevin habe eine wahnsinnig tolle Familie im Wallis, die ihn liebe und alles für ihn tue. Doch die sei eben im Wallis gewesen – und nicht im Kanton Freiburg, wo das Paar lebte. «Den Alltag habe ich mit ihm erlebt. Jedes Hoch, aber auch jede Depression, jede schlechte Laune, jede Niederlage.»

So viele Menschen hätten Kevin helfen wollen. Er habe sehr viel Sympathie erhalten. Doch nach seinem Unfall sei Kevin leicht beeinflussbar gewesen und habe sich an jeden Strohhalm geklammert. «Er war blind vor lauter Sehnsucht, wieder Eishockey zu spielen, und hätte alles getan, um nur einen kleinen Meilenstein zu erreichen.» So sei er immer wieder verloren gewesen und habe nicht gewusst, was richtig sei und was nicht. Sie habe ihn täglich auf dem Weg begleitet und darauf vertraut, dass sie es irgendwann zusammen schaffen würden, sich alles positiv verändern würde. Eines Abends habe Kevin seiner Partnerin mitgeteilt, dass er aufhören werde. «Kevin war für einen Augenblick ein neuer Mensch. Ein riesiger Druck ist von ihm gefallen. Er musste nichts mehr, er durfte nur noch.» Er habe sich auch in der Zeit danach mit seiner Therapie und den neuen Aufgaben so positiv verändert, dass sie gemeinsam entschieden, eine Familie zu gründen. «Wir dachten, dass wir alles schaffen werden.»

Der Leidensweg für das Paar war aber nicht vorbei. Kevin wusste nicht, was er mit seinem Leben anfangen sollte. «Ein neues Leben ausserhalb des Hockeys wartete – und er war damit doppelt überfordert.» Yvis Leben drehte sich nur um das von Kevin. Sie wollte ihm helfen, neue Lösungen finden. Es hat nicht funktioniert. «Doch ich fand in Kevin einen wunderbaren Vater. Er hat mit den Jungs einen neuen Sinn in seinem Leben gefunden, und das hat er von Anfang an unglaublich gut gemacht.»

Trotzdem fiel es Kevin schwer, sich in seinem neuen Alltag, besonders im Berufsalltag, zurechtzufinden. Er habe tolle Optionen gehabt, sagt Yvi Würms. Aber keine habe ihn begeistert. «Er wartete darauf, dass jemand an der Tür klingelt und ihm auf dem Silbertablett eine neue Leidenschaft präsentiert und er direkt anfangen kann.» Das sei nicht passiert. «Er musste seinen Rucksack selbst füllen. Es hat auch im Hockey Jahre gedauert bis zum Erfolg.» Kevin sei aber ungeduldig gewesen, habe auf ein Wunder gewartet.

«Nach all den Jahren, mit zwei kleinen Kindern, dem frisch renovierten Haus, den vielen Rückschlägen, war meine Energie irgendwann am Ende. Ich war ausgebrannt. Ich konnte nicht mehr schlafen, nicht mehr essen und ich fühlte nichts mehr. Es ging nicht mehr.» Das Paar trennte sich. Die Trennung sei nicht erfolgt, weil sie sich gestritten oder weil sich die beiden nicht mehr ausstehen konnten. Yvis Kräfte waren erschöpft. «Wir haben einen unglaublichen Weg hinter uns. Einen Weg, der uns extrem verbunden hat. Ich war ihm nie böse. Es tat mir leid, dass ich nicht mehr konnte. Doch ich war überzeugt davon, dass meine Aufgabe an seiner Seite zu Ende war.»

Die Trennung sei letztlich das Beste gewesen für beide. Kevin habe erst danach in sein eigenes Leben gefunden. Heute ist Yvi stolz auf ihn – endlich habe er geschafft, was sie jahrelang versucht und sich auch für ihn gewünscht habe. «Kevin ist ein unglaublich reflektierter Mensch. Ich kenne kaum jemanden, der sich so detailliert mit sich selbst auseinandergesetzt hat wie er. Er ist menschlich stark gewachsen. Seine Veränderung ist wirklich nur positiv.»

Sie betrachtet sich und Kevin als tolles Team, das gemeinsam dafür sorgt, dass die beiden Kinder glücklich aufwachsen können. Auch Yvis heutiger Partner spiele in dem Patchwork-Gefüge mit. «Er respektiert Kevin sehr.» Nur so funktioniere das Team. «Ich bin dankbar, dass wir es geschafft haben, uns so gut zu organisieren, und dass alle glücklich sind. Das ist alles, was zählt.»

OHNE PSYCHISCHE GESUNDHEIT GEHT ES NICHT

Es ist erstaunlich. Von meiner Bank hoch über Leuk-Stadt überblickt man das halbe Wallis – und das nach nur ein paar Minuten Aufstieg. Und trotzdem wagt sich kaum mal jemand hier hoch. Ich habe die Bank immer für mich allein. Zeit für mich, die ich geniesse. Ich bin noch da. Ich lebe. Wahrscheinlich kaum irgendwo bewusster, als auf dieser Bank. Ich bin glücklich und weitestgehend gesund.

Wenn ich mir damals keine Hilfe geholt hätte, wäre ich heute vielleicht tot.

Das sagt sich so leicht. Tot. Ich bin es ja nicht. Ich war auch nie an einem Punkt, an dem ich mir selbst etwas hätte antun wollen. Zumindest nicht bis zu dem Zeitpunkt, an dem ich die Reissleine gezogen habe. Ich habe keine Ahnung, wie es ohne Hilfe weitergegangen wäre. Positiv bestimmt nicht. Mein Verhalten mir selbst gegenüber war sehr destruktiv. Alkohol. Marihuana. Ich habe oft meinen Schmerz oder meine Angst betäubt. Und irgendwann – zum Glück rechtzeitig – bemerkt, dass dieser Weg nicht der richtige ist.

Wenn man in diesem Loch sitzt, spürt man genau, dass es nicht richtig läuft, dass man nicht der Mensch ist, der man gerne wäre. Und trotzdem kann man es nicht ändern. Es fehlt die Energie dafür. Ich hatte glücklicherweise ein Umfeld, das mich getragen hat, bei dem ich Schwächen zeigen durfte. Das mich aufgefangen hat.

Bereits während meines Comebackversuchs beim SC Bern hatte ich zur Unterstützung Antidepressiva erhalten. Sie sollten mir helfen, mit den Erwartungen anderer und meinen an mich selbst umzugehen. Doch sie hatten Nebenwirkungen, die mich körperlich veränderten.

Diese Veränderungen schränkten mich dort ein, wo ich hätte Lebensfreude spüren sollen. Daraufhin setzte ich das Medikament ab.

Ich wollte es dieses Mal ohne Antidepressiva versuchen.

Und trotzdem war mir sonnenklar, dass ich ohne Hilfe der therapeutischen Fachkräfte nicht allein wieder aus dem Loch herausfinden würde. Was mir half, war der Gedanke, dass es für jedes Problem eine Spezialistin oder einen Spezialisten gibt. Also warum zur Hölle nutze ich sie nicht? Wenn mein Auto kaputt ist, gehe ich zum Automechaniker. Wenn ich ein Loch im Zahn habe, gehe ich zum Zahnarzt. Es käme mir nicht in den Sinn, selbst zu bohren.

Psychische Erkrankungen waren nicht mein Spezialgebiet – und somit machte es für mich irgendwann keinen Sinn mehr, es allein schaffen zu wollen. Für mich war auch der Gedanke wichtig, dass ich aus freien Stücken etwas verändern wollte. Der Impuls, professionelle Hilfe in Anspruch zu nehmen, kam einzig und allein von mir und nicht von aussen. So viele Menschen aus meinem Umfeld hatten mir immer und immer wieder dazu geraten. Ich hatte sie nicht gehört. Es ging erst in dem Augenblick, in dem ich dazu bereit war. Ich bin noch heute überzeugt davon, dass der Erkrankte sein Problem erkennen und selbst etwas verändern wollen muss.

Ich musste mehrere Therapeutinnen und Therapeuten ausprobieren. Bei der ersten habe ich mich nicht wirklich wohlgefühlt, ich konnte mich nicht genügend öffnen oder Vertrauen aufbauen. Beim zweiten Therapeuten war es ähnlich. Erst die dritte Therapeutin war dann ein Match.

Für mich ist eine Therapeutin oder ein Therapeut dann gut, wenn sie oder er die richtigen Fragen stellt. Fragen, die mich dazu zwingen, mich mit mir auseinanderzusetzen, mich zu reflektieren, bei denen ich in mich reinfühlen muss. Ich brauchte jemanden, der mich ins

Zentrum rückte, der mir bewusst machte, dass es nur um mich geht und dass die Lösung meiner Probleme in meinem Kopf beginnt. Eine Antwort führte zur nächsten Frage – Schritt für Schritt erlangte ich mehr Klarheit.

Meine Therapeutin konnte mir aufzeigen, dass ich erst mit mir Frieden schliessen musste, mit meiner Vergangenheit, dass ich mit mir im Reinen sein musste. Erst dann konnte ich wieder positive Dinge von aussen in mein Leben lassen – und positive Energie an Freunde, Familie, Partnerin weitergeben. Letztlich haben alle davon profitiert. Dass ich mir damals professionelle Hilfe geholt habe, war der wichtigste und beste Schritt auf meinem Weg zurück ins Leben.

Später habe ich dann noch einmal die Hilfe einer Therapeutin in Anspruch genommen. Es ging dabei um meine Scheidung. Wieder war etwas nicht so gelaufen, wie ich es mir erhofft oder gewünscht hatte. Es war hart, zu akzeptieren, dass meine Vorstellung vom perfekten Familienleben nicht aufrechterhalten werden konnte. Dass eine Familie kaputtging. Meine Familie.

Dieses Mal war ich in Steffisburg bei Fränzi Rosa. Sie war und ist ein richtiger Sonnenschein. Ihre Praxis war in einem alten, hölzernen Bauernhaus untergebracht, bei jedem Schritt knirschte die Treppe. Auf dem Boden lagen flauschige Teppiche, sodass ich immer barfuss bei ihr war. Wir haben oft stundenlang geredet. Alles aufgearbeitet – die verschiedenen Beziehungsphasen. Wir haben versucht, Lösungen zu finden, vorwärtszuschauen. Einmal hat sie mich auch hypnotisiert. Ich war sofort in einer anderen Welt, weit weg von meinen Problemen. Ich erinnere mich an diese Reise, in sehr kurzer Zeit erlebte ich Emotionen wie Freude, Glück, Trauer oder Wut. Diese Reise hat mir geholfen, die ganzen prägenden Ereignisse aus einem anderen Blickwinkel zu betrachten, mit der Situation besser umzugehen. Was ich gelernt habe: Die Arbeit an sich selbst ist mit Abstand die schwierigste – aber auch die wertvollste.

Dank professioneller Hilfe habe ich heute eine sehr gute Beziehung zu mir selbst. Und diese Beziehung ist mir enorm wichtig. Ich habe viel Ruhe in mein Leben gebracht und diese Ruhe auch schätzen gelernt. Die Kinder haben nie unter unserer Trennung gelitten. Wir sind immer Mami und Papi geblieben und sind gemeinsam für die Kleinen da. Als Freunde, die zusammen einen sehr schweren Weg gegangen sind. Darauf bin ich heute stolz.

FRANZISKA ROSA, PSYCHOTHERAPEUTIN UND COACH

«Ich war schon als Kind ein grosser Fan des SCB», erzählt Franziska Rosa. Sie ist Coach für lösungsorientierte Psychologie und Hypnosetherapeutin. Sie freute sich darauf, Kevin bald von der Fantribüne aus anzufeuern. So weit kam es nicht – der Unfall kam dazwischen. Eine Geschichte, die Franziska Rosa tief ergriffen mitverfolgte.

Eines Tages war sie an einem Event, wo auch Kevin Gast war. «Ich sagte meinem Mann, schau, das ist dieser Kevin, der mit dem Unfall. Von dem habe ich dir schon so oft erzählt.» Kevin habe sie angeschaut, beide hätten gelacht, das Eis sei gebrochen gewesen. «Ich mochte ihn sofort.»

Ein Freund machte Kevin jedoch erst später darauf aufmerksam, dass Franziska Rosa ihm auch bei der Bewältigung seiner Probleme helfen könnte. «Bei seinem ersten Besuch wirkte er wie ein Mensch, der vor einem Scherbenhaufen steht.» Er habe schon so viel geschafft in seinem Leben – doch nun lag seine Ehe in Trümmern. «Seine grosse Frage war: Was kann ich noch tun, damit alles wieder gut wird?» Wütend sei er gewesen, traurig, aber auch vieles erkennend. Und zu allem bereit. «Ein grosser, starker Mann. Ein Macher. Einer, der sich nicht unterkriegen lässt. Er war sehr verletzlich und verletzt. Er wusste, da lief nicht alles gut. Und dachte, es müsse doch möglich sein, alles wieder gut werden zu lassen.»

Wichtig sei zunächst gewesen, dass Kevin sich verstanden fühlte. «Ich musste ihn wirklich verstehen, nicht nur so tun. Ihm den Raum geben für seine Enttäuschung, die Wut, die Hoffnung, die Trauer.» Kevin sollte im Mittelpunkt stehen. Als Mensch, als Mann, als Vater, als Ehemann, als Ex-Ehemann, mit allen Enttäuschungen, Fragezeichen, Ausrufezeichen. Er sollte alles aussprechen, was in ihm drin war. Dann ging es darum, Kevin dazu zu bringen, anzunehmen, was war, und sich damit zu versöhnen. Franziska Rosa arbeitete mit einer Gesprächstherapie, aber auch mit Hypnose. Zudem habe sie sich auch die Sicht von Kevins Ex-Frau Yvi angehört. «Die Hypnose war wichtig für ihn. Man zapft dabei Dinge an, die unser Bewusstsein verdrängt. Die kommen da zum Vorschein.»

Für Kevin sei die Therapie auch eine Art von Training gewesen. Er habe gewusst, seine Seele brauchte Hilfe. Und das Heilen der Seele brauchte Zeit. «Kevin ist in jeder Sitzung gewachsen, in sich selbst und über sich hinaus.» Er habe Geduld bewiesen und sich allem gestellt. Es sei stets vorangegangen – manchmal in kleinen Schritten, manchmal in etwas grösseren. Er habe nie aufgehört, um sich selbst und sein inneres Gleichgewicht zu kämpfen. Und er habe obsiegt.

Heute haben Therapeutin und Patient hin und wieder Kontakt. «Ich denke, wir werden uns nach dieser Geschichte nie wieder aus den Augen verlieren. So etwas verbindet.» Kevin sei ein gereifter Mann mit einem offenen Horizont. Ein Mann, der sich selbst verstehe und das Wissen in sich trage, dass jede Geschichte zwei Seiten habe. Eine glänzende Seite, die man gerne zeige, und eine dunkle Seite, «die aber ebenso gezeigt werden sollte». Kevin sei sogar ein Vorbild, da er die weniger schöne Seite ganz bewusst offenlege, um zu helfen. «Das ist wahre Grösse.»

Franziska Rosa ist es wichtig, dass Menschen mit psychischen Schwierigkeiten wissen, dass sie nicht allein sind. Dass es Hilfe gibt. Dass der Arzt oder Therapeut passen und die Chemie stimmen muss. «Wenn man sich nicht wohlfühlt, soll man das sagen», betont sie. Man müsse auch die geeignete Therapieform finden. Denn: Viele Wege führen nach Rom. Letztlich solle für einen Menschen nur ein Gedanke zählen: Ich bin es mir wert, dass ich voller Lebensfreude sein darf.

AKZEPTIEREN –
VERARBEITEN –
LOSLASSEN

Während meiner Suche nach mir selbst, nach einem Weg aus meinem Tief, bei vielen Gedanken an meinem Happy Place, ist mir klargeworden, dass ich drei Stufen benötige, um etwas Negatives komplett abhaken zu können. Ich muss es erst akzeptieren, dann verarbeiten, und erst dann kann ich es loslassen.

Akzeptieren
Die häufigen Rückschläge zehren an allem. An den Nerven, an der Energie, an der Hoffnung und an der Zuversicht. Immer wieder habe ich mir gewünscht, endlich wieder leben zu können. Leben zu dürfen. Ich war so lange unzufrieden, habe mit allem gehadert, konnte mich nicht motivieren. In der Öffentlichkeit konnte ich meine Gefühlslage gut überspielen. Doch zu Hause brach alles aus mir heraus. Bei Yvi, meinen Eltern, meinem Bruder. Dort durfte ich mich verletzlich zeigen – doch gerade bei Yvi spürte ich oft nicht, dass das alles auch ihr sehr an die Nieren ging.

Dass ich psychologische Hilfe hatte, war letztlich matchentscheidend. Zwei Sitzungen reichten nicht – ich war wöchentlich bei meiner Psychologin, über Monate. Das Leben um mich herum drehte sich weiter, während meines irgendwie stillstand.

Wenn etwas in meinem Leben passiert, als Mensch, Sportler, Vater oder Unternehmer, stehe ich an einer Kreuzung. Und genau hier treffe ich meine persönliche Entscheidung. Welchen Weg soll ich nehmen? Für mich war irgendwann klar: An einer solchen Kreuzung gibt es nur einen richtigen Weg – den vorwärts. Ich kann das, was mir passiert ist, sowieso nicht mehr ändern. Ich muss also lernen, damit zu leben. Es bringt nichts, wenn ich mit meinem Schicksal hadere oder der Vergangenheit hinterhertrauere. Dann werde ich langfristig unzufrieden, und mein Leben entwickelt sich in eine negative Richtung.

Ich glaube, am Ende brauchte es genau diese Einsicht: Der Unfall ist passiert, die Schäden und Spätfolgen sind da. Je eher ich das annehme, desto eher habe ich die Möglichkeit, endlich vorwärtszuschauen, vorwärtszugehen, mich für neue Dinge zu öffnen. Ich wollte frei sein für Neues. Am Ende ist es egal, was passiert ist, wie hart es mich erwischt hat, wie weh es mir oder anderen tut, wie unangenehm etwas ist – es geht im Leben immer weiter. Mein Leben hat mit dem Unfall nicht aufgehört. Wofür ich sehr dankbar bin. Doch es hat sich um einhundertachtzig Grad gedreht. Wenn ich mein Leben weiterleben wollte, musste ich das endlich akzeptieren.

Verarbeiten
Wie ein Mensch sein Erlebtes verarbeitet, sollte ihm überlassen bleiben, denke ich. Mir persönlich war es nicht so wichtig, wie ich meine Geschichte verarbeite, sondern nur, dass ich es endlich tue. Denn wenn ich ein Ereignis nicht vollständig verarbeite, macht es mir immer und immer wieder das Leben schwer. Schneidet mir die Luft ab. Das wollte ich nicht mehr.

Mir haben meine Tattoos bei der Verarbeitung geholfen. Wenn eine Sache sowieso schon für den Rest meines Lebens zu mir gehört, dann kann ich sie auch gleich auf eine positive Art und Weise verewigen. Ein erstes einschneidendes Erlebnis war für mich damals die Scheidung meiner Eltern. Das war während meiner Zeit bei den SCL Tigers. Ich liess mir ein Tattoo mit den Buchstaben CMSK stechen, den Anfangsbuchstaben der Namen von meinen Eltern, meinem Bruder und mir. Ich habe meine Familie oft vermisst und wollte sie jederzeit bei mir haben.

Die Tattoos auf meinen Fingern symbolisieren meine Verbundenheit mit der Natur.

Dann habe ich mir unsere Familienzahl, die 13, auf die Wade tätowieren lassen. In Maya-Schrift – zwei quere Striche, darüber drei Punkte. Das ist auch das Logo meiner Firma SORGHA. Das Tattoo steht für mich für die Verbindung zu meinem Bruder, der das gleiche Symbol trägt. Auch wenn wir uns nicht regelmässig sehen, stehen wir uns doch sehr nahe, und jedes unserer Treffen ist intensiv und schön.

Auch das Datum meines Unfalls habe ich mir stechen lassen. Auf meinen Brustkorb, unter meinem Herzen. Für mich steht der Tag als Zeichen für meinen zweiten Geburtstag, den Tag, an dem mir ein neues

Auf die Wade habe ich unsere Familienzahl 13 in der Maya-Schrift tätowieren lassen.
Sie steht für die Beziehung zu meinem Bruder. Die Zahl ist in abgewandelter Form auch mein SORGHA-Logo.

Leben geschenkt wurde. Ich kann selbst wählen, ob ich nun negative Gedanken habe oder ob ich jedes Jahr dankbar bin, noch hier und weitestgehend gesund zu sein. Der Unfall begleitet mich so oder so – warum dann nicht gleich positiv?

Meine eigene Scheidung habe ich in Form von drei Pfeilen verarbeitet. Ein Pfeil steht für mich. Dieser befindet sich hinter zwei Pfeilen, die meine Söhne Jonah und Nino symbolisieren. Ich möchte sie von hinten führen und begleiten. Schauen, in welche Richtung sie gehen, und notfalls vielleicht ein bisschen anschubsen. Ganz vorne sind drei unterschiedliche Spitzen, die in die Zukunft zeigen. Hauptsache vorwärts. Jeder wird seinen Weg gehen, egal in welche Richtung. Auf meinem Pfeil befindet sich ein Auge, genau dort, wo die Pfeile, die meine Söhne symbolisieren, beginnen. Für mich stellt dieses den Zeitpunkt dar, an dem ich bereit war eine Familie zu gründen. Zudem steht dieses Auge für Yvi, die Mutter meiner Kinder. Mein Pfeil wird zweimal unterbrochen. Diese Unterbrüche stehen für den Unfall vor der Familiengründung und die Scheidung danach. Das Tattoo habe ich an einem ruhigen Abend selbst entworfen und gezeichnet.

Meine Liebe zur Natur ist auf meinen Fingern sichtbar. Die Natur hat mir immer Ruhe und Kraft gegeben, ich konnte dort in mich gehen und fand Raum, all die Dinge zu verarbeiten, die mein Leben geprägt hatten. In der Natur geht es nur um mich – unabhängig davon, ob ich in den Bergen wandere, Ski fahre, im Wald jogge, auf dem Wasser mit dem Stand-up-Paddle unterwegs bin oder auf dem Surfbrett versuche, die Wellen zu erwischen. Zudem liebe ich Sonnenauf- und -untergänge. Wobei mir die Sonnenaufgänge etwas lieber sind – ich mag es, etwas kommen zu sehen.

Die drei Striche auf meinem Daumen gehören mir und meinen beiden Söhnen. Denn vor allem sie und die Natur haben mir zurück ins Leben geholfen, und so trage ich sie jederzeit bei mir.

Die Tattoos haben sicher viel dazu beigetragen, dass ich die schwierigen Situationen in meinem Leben verstehen konnte, dass ich formulieren konnte, was sie mir bedeuten oder warum sie mir so wichtig sind. Hinter allen Tattoos stehen so viele Gedanken, und wenn ich sie betrachte, fühle ich mich an diese Gedanken erinnert.

Noch heute ist es mir wichtig, dass ich jedes Ereignis, das mich prägt, verarbeite. Denn nur so erlange ich ein Gefühl von Freiheit, Unbeschwertheit und Glück. Nur dann fühle ich mich angekommen im Hier und Jetzt.

Loslassen
Ich kann eine Sache erst loslassen, wenn ich sie verarbeitet habe. Mir hat geholfen, ein neues, realistisches Ziel, eine Vision zu haben, etwas, worauf ich mich freuen konnte, was mich vorwärtsbrachte. Ich wollte

mir überlegen, wo ich hinkommen wollte und welche Schritte ich dafür unternehmen musste. Das Mindset, das ich aus dem Sport kannte, war dabei sicherlich ein Vorteil. Was mir im Leben nicht geholfen hat, war, im ewig gleichen Trott festzuhängen, mit dem Strom zu schwimmen, mich nicht zu bewegen.

Es ist nicht so, dass ich von jetzt auf gleich zu dieser Erkenntnis gekommen bin. Nein, das hat viele Jahre gedauert. Der Unfall hat meine ganzen Vorstellungen, die ich von meinem Leben hatte, durcheinandergewirbelt. Als Eishockeyprofi hatte ich einen klaren Fünfjahresplan. Heute? Meine Güte, ich habe doch keine Ahnung, wo ich in fünf Jahren stehe. Im Leben ist alles ein Prozess.

Nach dem Unfall und meinem Rücktritt war ich erst Gärtner, dann Verkäufer, dann machte ich eine Ausbildung zum Ernährungsberater. Heute bin ich Unternehmer und Referent. Eine Tür geht zu, eine andere öffnet sich dafür. Ich habe gelernt, dass es oftmals richtig ist, wenn ich auf mein Bauchgefühl höre. Eine Freundin sagte mir mal: «Wenn dir etwas Angst macht, so ist es doch wenigstens einen Versuch wert.» Eine Aussage, die mir in Erinnerung geblieben ist und die ich erst heute so richtig verstehe. Für mich geht es nicht um «immer mehr und immer weiter» – vielmehr strebe ich heute danach, immer klarer und bewusster zu leben. Das zu schätzen, was ich habe, dankbar zu sein. «Weniger Verstand, mehr Liebe», wie es einst Pfarrer Sylvester am Älplerfest oberhalb unserer Alphütte sagte. Ich habe viel aus meinen Erfahrungen, aber auch aus Gesprächen mit Menschen, die mir wichtig sind, gelernt. Ich war offen für Neues, konnte neue Leidenschaften finden, mir neue Ziele setzen. Die wunderbaren Erinnerungen bleiben für immer.

Es ist nicht so, dass ich jetzt alles klarer sehe oder pausenlos happy bin. Es gibt immer wieder Einschnitte, negative Erlebnisse. Und ich habe immer wieder Gedanken im Kopf, die mich bremsen, mit denen ich mich befassen muss – aber sie haben es nie mehr geschafft, mich aus der Bahn zu werfen.

MEIN LEBEN HEUTE: DEICH DRA – SORGHA

Wann immer es die Zeit zulässt, paddle ich bereits in der Morgendämmerung mit meinem Stand-up-Paddle auf dem Murtensee. Heute ist Murten im Kanton Freiburg meine Heimat, meine Söhne wachsen hier auf. Hier fühle ich mich wohl. Der See ist für mich ebenso ein Happy Place wie der Stein vor unserer Alphütte oder das abgelegene Bänklein im Wallis. So früh am Morgen ist es hier still, es gibt kaum Wellen, nur vereinzelte Fischerboote sind auf dem Wasser unterwegs. Dazwischen ich und mein Paddle, begleitet von der Vorfreude auf einen fantastischen Sonnenaufgang. Ich geniesse diese Minuten, in denen sich die Sonne wie ein riesiger roter Puck immer höher in den Himmel schiebt. Das gesamte Ufer wird in goldenes Licht getaucht. Die Welt erwacht.

Ich fühle mich angekommen.

Eigentlich sollte jeder Mensch einen Happy Place haben, einen Ort nur für sich, wo er sich Gedanken machen, seine Batterien laden und zur Ruhe kommen kann.

Heute bin ich vor allem der Vater meiner beiden Söhne. Es bedeutet mir alles, sie aufwachsen zu sehen, und ich verbringe meine Zeit am liebsten mit ihnen. Im Sommer vor allem auch in unserer Alphütte. Sonst malen wir beispielsweise Mandalas, spielen Inline-Hockey, Tennis, Pingpong, Boccia, Basketball, oder ich begleite sie zu ihren Fussballspielen. Sie werden wohl eher Fussballer als Eishockeyspieler – doch das ist absolut okay für mich. Sie werden ihren eigenen Weg gehen. Mir ist wichtig, dass ich ihnen alle sportlichen Möglichkeiten aufzeige – wählen sollen sie selbst. Bewegung soll zu ihrem Leben dazugehören. Ich hoffe, dass sie eines Tages so stolz auf mich sein werden, wie ich es auf meine Eltern bin.

Die Folgen des Unfalls sind bis heute spürbar. Ich kann nur fünf oder sechs Stunden täglich arbeiten, danach bin ich müde und kann mich nicht mehr konzentrieren. Schnelle Bewegungen oder Drehungen wie beispielsweise Purzelbäume gehen nicht mehr. Auch Achterbahnen stehen nicht mehr auf meiner Bucketlist. Zum Glück hatte ich aber nie Schmerzen und bin bis heute absolut schmerzfrei.

Ich besuche wahnsinnig gerne Konzerte und Festivals, überhaupt liebe ich die Musik, finde bis heute meinen Frieden darin. Ob es nun um die Texte, die Melodien oder die Rhythmen geht. Ich stehe auf leckeres Essen mit einem guten Tropfen Wein dazu, am liebsten von einem Weingebiet, das ich selbst besucht habe. Meine Leidenschaft für Kochen, Essen und Ernährung lebe ich in einem Kochclub aus. Fünf gute Freunde aus unterschiedlichen Lebensbereichen und ich treffen regelmässig zusammen und zaubern die leckersten Sechs-Gang-Menüs. Jeder ist für einen Gang zuständig – inklusive passenden Weins.

Dann spiele ich leidenschaftlich gerne Tennis und Golf. Im Golf bin ich ebenfalls Mitglied eines kleinen Vereins. Jedes Jahr spielen wir ein Turnier im Piemont, eines meiner Highlights. So oft wie möglich mache ich mit meinen Freunden Surfferien. Ich war immer ein Teamplayer – das kann ich so weiterhin sein, auf eine Art, die mir noch immer möglich ist. Grundsätzlich habe ich lieber wenige Freunde um mich, die jederzeit für mich da sind, auf die ich zählen kann und die auf mich zählen können. Das ist mir wichtiger als ein grosser, oberflächlicher Freundeskreis.

Eishockey schaue ich noch ab und zu – live im Stadion oder wenn die Nationalmannschaft an einer WM spielt, auch mal im Fernsehen. Ich schaue es mehr wie ein Fan. Ich weiss ein spannendes, schnelles Spiel mit vielen Toren zu schätzen. Doch ich konsumiere das Eishockey genau so wie jede andere Sportart, die ich mag – ein gutes Fussballspiel oder ein Tennismatch auf höchstem Niveau.

Ich bin froh, dass ich auch an meinem neuen Wohnort im Kanton Freiburg einen Happy Place für mich gefunden habe. Auf dem Murtensee finde ich Ruhe und Frieden. Und die besten Sonnenaufgänge.

Jonah und Nino sind das Wichtigste in meinem Leben. Ich möchte sie begleiten, anleiten, anstossen, ihnen so viel wie möglich mit auf den Weg geben. Und natürlich eine Menge Spass mit ihnen haben.

Weiter unterstütze ich drei wohltätige Projekte. Ich bin Botschafter des Ronald-McDonald-Hauses in Bern, wo Eltern günstig übernachten können, um möglichst nah bei ihren Kindern zu sein, die im Inselspital behandelt werden. Ich weiss, wie wichtig die Familie ist, wenn man in einer gesundheitlich schwierigen Situation ist. Deshalb möchte ich dies auch anderen Familien ermöglichen.

«WeThe15 Fribourg» hilft Menschen mit Beeinträchtigungen – und dazu zähle mit meinem Schädel-Hirn-Trauma auch ich –, sich in Freiburg zu integrieren und einen barrierefreien Alltag zu leben. Auch der «Berner Sozialstern» liegt mir am Herzen. Dieser vergibt jedes Jahr eine Auszeichnung an eine Firma, die sich für die berufliche Integration von Menschen mit psychischen Problemen eingesetzt hat. Da ich persönlich auch psychische Probleme hatte, ist es mir wichtig, Unterstützung zu bieten. Ich werbe für die Organisationen mit meinem Namen und meinem Gesicht und besuche ihre Events.

Beruflich bin ich als Referent im Namen meiner Firma SORGHA unterwegs. Ich darf meine Erfahrungen mit anderen Menschen teilen. Hier geht es mir nicht darum, ihnen zu sagen, was sie tun oder lassen sollen – ich zeige lediglich meinen eigenen Weg auf und hoffe, dass jeder etwas davon für sich mitnehmen kann. Für einen TEDx-Talk in Zürich musste ich an meinem Garderobenenglisch feilen. Meine Erfahrungen durfte ich inzwischen auf Deutsch, Französisch oder Englisch teilen, und es macht mir unglaublich viel Spass.

Auch wenn der Start zugegebenermassen etwas harzig war. Denn kurz nach meiner Firmengründung kam die Coronapandemie. Es fanden kaum noch Events statt. Teils war ich in den Schulen unterwegs, habe mit Schülern über Selbstmotivation und Lebensfreude gesprochen. Zeitgleich habe ich mein aktuelles Programm «Der Spielmacher bist du» entwickelt, mit dem ich heute in Firmen unterwegs bin. Die Coronapandemie hat mich zum Nachdenken gebracht. Jeden Morgen erwachte ich mit neuen Pushnachrichten zu Toten und Infizierten. Jeder Tag

Oben: Mit acht Freunden fahre ich jedes Jahr ins Piemont, um ein Plausch-Golfturnier zu spielen. Noch immer zählt für mich der Teamgedanke.

Unten: Seit einiger Zeit bin ich Botschafter des Ronald-McDonald-Hauses des Inselspitals Bern. Mir ist es wichtig, dass kranke oder verletzte Kinder ihre Familien jederzeit in ihrer Nähe haben können.

begann negativ. Die Pandemie hat mich enorm beschäftigt, und ich brauchte jeden Tag lange, um aus der negativen Gefühlswelt herauszufinden. Ich wollte mich nicht wieder runterziehen lassen und habe beschlossen, Zeitungen und Nachrichten fortan zu meiden. Für mich war das der richtige Weg.

Ich begann dann damit, am Morgen mit meinem Paddle auf den See zu paddeln und den Sonnenaufgang zu geniessen. Da bin ich für mich allein, habe Zeit für mich. Wenn ich wieder nach Hause komme, bin ich positiv im Kopf. Ich konzentriere mich auf das, was ich beeinflussen kann. Die wichtigsten Dinge, die auf der Welt passieren, erfahre ich trotzdem.

MEIN SORGHA-MODELL: SO FINDE ICH ZU MEINEM PERSÖNLICHEN ERFOLG

- Die Beziehung zu mir selbst ist mein Fundament. An dieser muss ich zuerst arbeiten. Ich darf mich selbst als wichtigste Person in meinem Leben sehen, ich soll mich selbst lieben, soll mit mir im Reinen sein. Das ist einfacher gesagt als getan, das ist mir bewusst. Gerade in einer Zeit, in der soziale Medien Perfektion vorgaukeln, die man selbst gar nicht erreichen kann. Und die eigentlich auch nicht erstrebenswert ist. Was ist perfekt? Für mich heisst perfekt, dass ich mich nicht mehr weiterentwickeln kann. Und das hiesse Stillstand. Ich musste damit klarkommen, dass mein Hirn nie wieder die Leistung erbringen wird, die es vor meinem Unfall erbracht hatte. Daran hatte ich schwer zu knabbern. Doch seit ich mit mir selbst zufrieden bin, lebe ich viel unbeschwerter.

- Von meiner inneren Selbstzufriedenheit profitiert das ganze Umfeld. Ich strahle Selbstvertrauen und Sicherheit aus. Die Menschen um mich herum fühlen sich wohl in meiner Nähe.

- Mein Umfeld spielt eine wichtige Rolle. Es ist ein Unterschied, ob ich von Menschen umgeben bin, die in der Vergangenheit leben, die ständig jammern und die Schuld für ihre Probleme bei anderen suchen, oder von solchen, die in der Gegenwart leben, positiv in die Zukunft blicken, die Fehler auch bei sich selbst suchen oder sich zumindest selbst reflektieren. Langfristig passe ich mein Verhalten dem der Menschen in meiner Umgebung an – ob ich will oder nicht.

- Um glücklich leben, den Alltag bewältigen und allen Anforderungen gerecht werden zu können, brauche ich Energie. Ich musste für mich herausfinden, wie ich Energie tanken kann. Mir helfen eine gute Ernährung, dazu gehört auch kulinarischer Genuss, und positive Einflüsse von aussen durch meine Familie, meine Freunde oder die Natur. Ein realistisches Ziel vor Augen motiviert mich enorm. Ein unrealistisches Ziel, das ich niemals erreichen kann, zieht mich runter. Ich musste lernen, alles Schritt für Schritt zu nehmen. Das habe ich erst mit der Zeit bemerkt. Ich musste dafür tief in mich hineinhören, mich beobachten und selbst wahrnehmen. Heute bin ich mir bewusst, was ich in meinem Leben anpassen muss, wenn ich merke, dass mein Energiespeicher sich leert. Natürlich gibt es immer wieder Situationen, die an der Energie zehren. Wichtig ist, eine Balance zu finden.

- Bewegung hilft mir, körperlich und geistig fit und gesund zu bleiben. Dafür brauche ich kein Fitnesscenter und keine schweren Gewichte. Als Eishockeyspieler habe ich mich extrem viel bewegt. Plötzlich erledigte ich alles im Sitzen. Dabei ist der Körper dafür gemacht, sich zu bewegen. Ich musste mich ausprobieren, um herauszufinden, welche Art von Bewegung vor allem Spass macht. Im Idealfall lässt sich die Bewegung kombinieren mit Ruhe und Zeit für sich selbst. Wenn ich mich viel bewege, kann ich mich auch besser konzentrieren und meine Leistung steigern.

- Wenn ich weiss, wo ich meine Energie tanke, fühle ich mich ausgeglichen. Wenn ich mich genügend bewege, bin ich aktiviert. So gelange ich automatisch in den Teil der Dynamik. Das heisst, ich bewege mich aus meiner Komfortzone heraus, dorthin, wo sich etwas bewegt. Und dort werde ich authentisch. Ich komme in den Bereich, in dem ich etwas verändern, verbessern oder neu kreieren will – und kann.

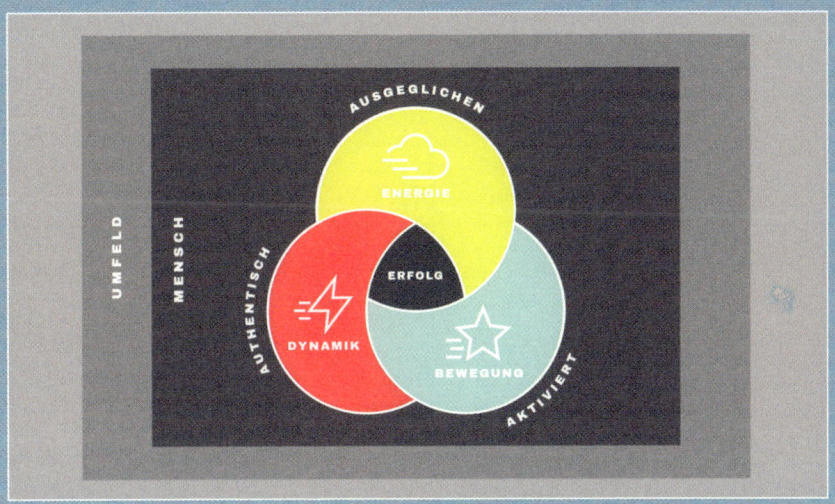

Mein SORGHA-Modell, das ich eigens für meine Referate entwickelt habe. Es zeigt den Weg zu meinem persönlichen Erfolg auf.

- Wenn all diese Punkte erfüllt sind, entsteht in der Mitte der Punkt meines persönlichen Erfolgs. Ich kann nicht erwarten, dass andere Menschen dafür sorgen, dass es mir gut geht. Ich bin für mein Glück selbst verantwortlich.

- Obwohl ich nur von meinen Erfahrungen erzähle und niemandem sagen möchte, was er zu tun hat, habe ich doch eine Bitte: Nehmt euch jeden Tag ein paar Minuten Zeit nur für euch selbst. Ihr werdet sehen – es lohnt sich.

Mit meinem Background als Sportler, meinem Wissen über Ernährung und der Erkenntnis, wie wichtig mentales Training und mentale Gesundheit sind, kann ich vielleicht eines Tages junge Sportler oder einfach Jugendliche mit Problemen auf ihrem Weg begleiten. Das wäre längerfristig eine Tätigkeit, die ich mir sehr gut vorstellen könnte. Ich habe das Glück, dass ich dank meiner Privatversicherungen sowie einiger Abfindungen finanziell gewisse Rücklagen habe. Der Unfall hatte Folgen – ich bin nicht mehr so einsatzfähig, wie ich es vorher war. Damit muss ich leben, und dazu stehe ich auch. Ich arbeite sehr gerne für meine eigene Firma – aber nur so viel, dass ich daneben auch leben kann. Ich will nicht nach einem harten Arbeitstag wie eine tote Fliege auf dem Sofa liegen, weil ich mich überschätzt habe. Ich möchte Sport treiben, Freunde treffen, Konzerte und Festivals besuchen, glücklich sein. Meine Freiheit, mein Glück, meine Lebensqualität sind mir viel wichtiger als jedes Bankkonto.

Ich bin derjenige, der in meinem Leben entscheidet: Der Spielmacher bin ich. Das habe ich in all den Jahren seit dem Unfall und vor allem während der Coronapandemie gelernt und danach lebe ich heute. Denn man kann jede Situation aus verschiedenen Perspektiven betrachten.

Was ich damit sagen will: Ich entscheide, wie ich in solchen Situationen reagiere. Ich kann mich verunsichert fühlen, an mir zweifeln und stehenbleiben. Oder mich erst recht motivieren und an mir arbeiten und vorwärtsgehen. Ich glaube, das habe ich in meinem Leben immer geschafft. Natürlich stand ich auch mal still. Doch ich habe immer bemerkt, wenn ich feststeckte, und versucht, mich vorwärtszubewegen. Egal ob vor oder nach dem Unfall. Auch wenn es seine Zeit gebraucht hat.

Das Logo meiner Firma SORGHA.
Ich halte in Firmen Referate zu meinem Unfall und erzähle meine Lebensgeschichte. Meine neue Leidenschaft.

Meine Geschichte ist die eines Helden, der hart auf dem Boden der Realität aufschlug. «From Hero to Zero.» Doch ich fand den Weg zurück, «from Zero to Hero». Das ist nur eine Redewendung. Denn ich fühle mich nicht als Held. Ich bin ein normaler Mensch, ein Mann, der viel durchgemacht hat und dabei viel gelernt hat. Wenn ich Menschen meine Geschichte erzähle, relativieren sich vielleicht deren eigene Probleme, sie ändern ihre Ansichten oder lernen, wieder mehr Lebensfreude zu verspüren. Wichtig ist dabei für mich, dass ich wieder an mich glaube und dies auch ausstrahle. Und das tue ich. Ohne den Glauben an mich selbst könnte ich meine Message nicht in die Welt hinaustragen.

Hätte ich das als Eishockeyspieler geschafft?

Ich hätte vor allem die Eishockeyfans mit meinen Toren beglückt. Doch was zählen Tore, wenn es darum geht, seinen Weg im Leben zu finden, glücklich zu sein? Deshalb denke ich, dass ich heute ein viel wertvollerer und besserer Mensch bin, als ich es damals war. Und für diese Erkenntnis hat sich der Unfall sogar gelohnt.

Es ist meine neue Leidenschaft und immer wieder eine Freude, dass ich meine Erfahrungen weitergeben darf. Hier bei der «Speakers Night» in Aarau.

DANKE

Dieses Buch würde es nicht geben, wenn mich nicht so viele einzigartige Menschen dabei unterstützt hätten. Nicht nur bei dem Buchprojekt – überhaupt in meinem Leben. Diesen Menschen möchte ich an dieser Stelle von Herzen Danke sagen.

Aus tiefstem Herzen bedanke ich mich bei meiner Familie, meinem Bruder Sveno, meinen Eltern Mams und Paps sowie ihren Partnern Geni und Jaggy und Genis Tochter, meiner «Sista» Vera. Ihr lasst mich jederzeit mich selbst sein, egal wie energieraubend dies auch sein mag. Was ihr für mich getan habt, ist nicht selbstverständlich, und mit eurer Warmherzigkeit seid ihr Vorbilder für mich. Ich bin so froh, darf ich noch bei euch und in eurer Nähe sein, es gibt nichts Schöneres für mich.

Ich danke auch dir, Yvi. Du bist die Mutter meiner Kinder, meine Freundin, meine Partnerin in Crime bei der Erziehung unserer Kinder. Unsere gemeinsame Zeit als Paar ist vorbei, doch unser Weg geht weiter. Wir entscheiden, wie. Wir werden ein Leben lang durch unsere Kinder verbunden bleiben. Du hast mich nie aufgegeben und immer an mich und an das Gute geglaubt. Dafür bin ich dir unendlich dankbar. Danke auch an meine beiden Söhne Jonah und Nino für die Energie, die Lebensfreude und die Liebe, die ihr mir jeden Tag gebt. Ich liebe euch alle!

Ich bin dankbar für das Wunder Natur. Dank ihr und der einzigartigen Ruhe, die ich in ihr finde, durfte ich wieder zu mir finden und einen positiven Weg beschreiten.

Bei meinen Freunden, die für mich wie eine Familie sind, bedanke ich mich für die ehrlichen, manchmal kritischen, positiven und humorvollen Beiträge. Ihr wisst, wie gerne ich lache und wie wichtig Humor für mich in meinem Leben ist.

Ich danke allen Menschen, die mich in all den Jahren in irgendeiner Weise unterstützt haben, die mich immer wieder motiviert haben, nicht aufzugeben. Für alle Tränen, die geflossen sind, für jede Umarmung, für die ehrlichen, teilweise schmerzhaften Worte und den gesunden Umgang mit mir in diesen schwierigen Situationen bin ich unendlich dankbar.

Dann bedanke ich mich sehr herzlich bei all den Wegbegleitern, die den Mut hatten, in diesem Buch öffentlich aufzutreten und ihren Teil zu meiner Geschichte zu erzählen.

Natürlich danke ich dir, Nadine, für diese emotionale Reise in die Vergangenheit. Mit deiner empathischen und ruhigen Art hast du mich perfekt unterstützt und begleitet. Du hast aus meinen Worten eine wunderbare Geschichte gemacht. Dank deiner persönlichen Erfahrungen konntest du meine Worte besser als jede andere Autorin oder jeder andere Autor verstehen und erzählen. Danke dafür. Ich hätte meine Geschichte mit niemandem lieber geschrieben als mit dir.

Ich bin auch dankbar dafür, dass ich selbst den Mut hatte, dieses Buch mit Nadine zu schreiben. Ein weiterer Schritt zur Selbstheilung und Verarbeitung. Ich hoffe, mit meinem Buch vielen Menschen Mut, Zuversicht, Motivation, Durchhaltevermögen und Lebensfreude mit auf den Weg zu geben.

Zuletzt danke ich euch allen. Ihr habt mein Buch gekauft und meine Geschichte gelesen. Ihr habt mir viele Stunden eurer Zeit gewidmet. Und Zeit ist aus meiner Sicht das grösste Geschenk. Ich fühle mich geehrt.

Zum Schluss bleibt mir nur noch etwas zu sagen: Deichät dra, Sorg ha!

Euer Kevin

TIMELINE

GEBURT: 17. Februar 1988

ERSTES MAL AUF DEM EIS: 1991/1992

EHC LEUKERBAD: 1991/1992 bis 1999

HC SIERRE JUNIOREN (MOSKITO BIS NOVIZEN): 1999 bis 2003/2004

PEE-WEE-TURNIER IN KANADA: Februar 2002

BIBI-TORRIANI-TURNIER MIT WALLISER AUSWAHL: 2002

APFELSAFT-TURNIER MIT WESTSCHWEIZER AUSWAHL (U15): 2003

SCL TIGERS, LANGNAU (JUNIOREN ELITE A): 2004/2005 bis 2006/2007

ERSTER EINSATZ IN DER NLA FÜR DIE TIGERS: 15. Oktober 2005

U18-WM IN MISKOLC, UNGARN: 2005/2006

U20-WM IN MORA UND LEKSAND, SCHWEDEN: 2006/2007

EHC VISP (NLB): 2006/2007, 24 Spiele

LAUSANNE HC (NLB): 2007/2008

U20-WM IN PARDUBICE UND LIBEREC, TSCHECHIEN: 2007/2008

HC SIERRE (NLB): 2008/2009

EHC BIEL (NLA), LEIHWEISE BIS SAISONENDE: 2008/2009

EHC BIEL (NLA): 2009 bis 2011

VERTRAGSUNTERZEICHNUNG SC BERN: 6. Dezember 2010

SPIEL GEGEN DIE USA: 9. Mai 2011

UNFALL: 14. Mai 2011

KÜNSTLICHES KOMA, INKLUSIVE AUFWACHPHASE: 14. bis 26. Mai 2011

TIMELINE

MEDIENKONFERENZ INSELSPITAL: 1. September 2011

PREISVERLEIHUNG «MOST POPULAR PLAYER»: 12. September 2011

MEDIENKONFERENZ BEI COMEBACK, WIEDER AUF DEM EIS: 17. Oktober 2011

SC BERN (NLA), NIE GESPIELT WEGEN THERAPIEN UND AUFBAU: 2011/2012

HC SIERRE (NLB): 2012/2013

SCHWEIZERMEISTERTITEL MIT DEM SC BERN: 16. April 2013

EHC BIEL (NLA): 2013/2014

HC AJOIE (NLB), LEIHWEISE: 2013/2014

RÜCKTRITT: 11. Februar 2014

PSYCHOTHERAPIE: Oktober 2014 bis Juli 2015

GÄRTNEREI: Februar 2015 bis November 2015

HOCHZEIT: 24. Juli 2015

GEBURT KINDER: 14. September 2015 und 21. Dezember 2017

OCHSNER HOCKEY: Dezember 2015 bis Februar 2017

AUSBILDUNG ERNÄHRUNGSBERATER: Januar 2018 bis November 2018

GRÜNDUNG SORGHA: 14. Juni 2019

ERSTES REFERAT SORGHA, POSTFINANCE AUF DEM GURTEN: 11. Dezember 2019

SPEAKERS NIGHT, CHAM: 15. Oktober 2021

TEDX-TALK, ZÜRICH: 17. Dezember 2021

CAS PSYCHOLOGISCHES UND MENTALES TRAINING IM SPORT: Mai bis November 2021

SPEAKERS NIGHT, AARAU: 10. Juni 2022

AUTOREN

KEVIN LÖTSCHER, geboren 1988 im Wallis, ist ehemaliger Eishockeyprofi und Schweizer Nationalspieler. Nach einem schweren Verkehrsunfall 2011 musste er seine Hockeykarriere aufgeben und fiel in ein tiefes Loch. Heute lebt Kevin Lötscher im Kanton Freiburg, ist Vater zweier Kinder und Inhaber der Firma SORGHA. Er teilt in Vorträgen seine Erfahrungen und zeigt Interessierten anhand eines selbst entwickelten Modells den Weg auf in ein selbstbestimmtes, glückliches Leben.

NADINE GERBER, geboren 1980 im Kanton St. Gallen, ist Journalistin (unter anderem SRF, TeleZüri, TV Berlin) und hat als Schriftstellerin bereits mehrere Romane veröffentlicht. Die Chance, Kevins Geschichte aufzuschreiben, hat sie sofort gepackt. Sie ist selbst im Alter von vierzehn Jahren von einem Auto angefahren und schwer verletzt worden. Nadine Gerber liebt die Fotografie, den Sport und generell alles Kreative.

BILDNACHWEIS

Cover: Michael Schär/raw'filers

Seiten 6, 22, 34 (oben, Mitte rechts, unten rechts), Seite 57, 66, 95, 115, 121, 125, 144, 149, 150, 152 (oben): zvg

Seiten 9, 10, 30, 31, 38, 42, 61, 62, 65: Familie Lötscher

Seiten 12, 73: keystone/Melanie Duchene

Seite 17: keystone/EPA/Filip Singer

Seiten 24, 25: Kantonspolizei Wallis/Philippe Duc

Seite 34 (unten links): Le Nouvelliste

Seiten 45, 46: SCL Tigers

Seite 51: keystone/Jean-Christoph Bott

Seite 54 (oben): keystone/Olivier Maire

Seite 54 (unten): Peter Eggimann

Seite 56: keystone/Radek Petrasek

Seiten 58/59: keystone/Pascal Müller

Seite 70: keystone/Peter Schneider

Seiten 74/75: Freshfocus/Andy Mueller

Seite 76: keystone/Karl Mathis

Seiten 91, 94: Schweizer Illustrierte/Kurt Reichenbach

Seiten 96, 99, 108/109: Blick Sport

Seiten 104/105: keystone/Maxime Schmid

Seite 107 (oben): keystone/Dominic Favre

Seite 107 (unten): Manuel Winterberger

Seiten 116/117: Mauricette Schnider

Seite 127: Sandra Mumprecht

Seite 143: Franca Pedrazetti/CSS

Seite 152 (unten): Jeanine Linder

Seiten 155, 157: Trenders GmbH, Bern/Tom Schrämli und Chris Morgan

Seiten 158/159: Business Schmiede Schweiz AG

IMPRESSUM

Alle Angaben in diesem Buch wurden von den Autoren nach bestem Wissen und Gewissen erstellt und von ihnen und dem Verlag mit Sorgfalt geprüft. Inhaltliche Fehler sind dennoch nicht auszuschliessen. Daher erfolgen alle Angaben ohne Gewähr. Weder Autoren noch Verlag übernehmen Verantwortung für etwaige Unstimmigkeiten.

Alle Rechte vorbehalten, einschliesslich derjenigen des auszugsweisen Abdrucks und der elektronischen Wiedergabe.

1. Auflage 2023, 2., aktualisierte Auflage 2023, 3., unveränderte Auflage 2023,
4., unveränderte Auflage 2024
© Weber Verlag AG, 3645 Thun/Gwatt

Idee und Texte: Kevin Lötscher, Nadine Gerber

Kevin Lötscher spendet pro verkauftes Buch CHF 1.00 an FRAGILE Suisse, die schweizerische Patientenorganisation für Menschen mit einer Hirnverletzung und ihre Angehörigen.

Weber Verlag AG
Konzept: Annette Weber-Hadorn
Covergestaltung: Bettina Ogi, Nina Ruosch
Layout und Satz: Nina Ruosch, Sonja Berger
Bildbearbeitung: Adrian Aellig
Lektorat: David Heinen
Korrektorat: Esther Loosli

Der Weber Verlag wird vom Bundesamt für Kultur mit einem Strukturbeitrag für die Jahre 2021–2024 unterstützt.

ISBN 978-3-03818-488-1

www.weberverlag.ch